600 Fragen zur Betriebs- und Rechtskunde

Jürg Leimgruber
Urs Prochinig

600 Fragen zur Betriebs- und Rechtskunde

Repetitionsfragen
zur Vorbereitung auf die
kaufmännische
Lehrabschlussprüfung

VERLAG:SKV

Dr. Jürg Leimgruber sind dipl. Handelslehrer an der KV Zürich Business School. Sie sind und Dozenten in der wirtschaftlichen Weiterbildung und Mitglieder ver-
Dr. Urs Prochinig schiedener Prüfungsgremien.

10. Auflage 2002   ISBN 3-286-30690-8

© Verlag SKV, Zürich
www.verlagskv.ch

Alle Rechte vorbehalten.
Ohne Genehmigung des Verlages ist es nicht gestattet, das Buch oder Teile daraus in irgendeiner Form zu reproduzieren.

Gestaltung: Peter Heim
Umschlag: Brandl & Schärer AG

Bild Umschlag: Intellekt und Intuition von Benno Schulthess, Widen

Inhaltsverzeichnis

Rechtskunde

1	Rechtliche Grundbegriffe und Rechtsordnung	9
2	Vertragslehre	16
3	Handelsregister, Firma und Unternehmungsformen	41
4	Wertpapiere	49
5	Schuldbetreibung und Konkurs	53
6	Zivilgesetzbuch	61

Betriebskunde

7	Betrieb und Unternehmung	69
8	Banken	86
9	Versicherungen	92
10	Steuern	98

Musterprüfungen

Prüfung 1	106
Prüfung 2	114
Prüfung 3	122
Prüfung 4	130
Prüfung 5	137

Vorwort an die Lernenden

Das vorliegende Buch ist zur Repetition des Stoffes und zur Vorbereitung auf die kaufmännische Lehrabschlussprüfung im Fach Betriebs- und Rechtskunde verfasst worden und berücksichtigt die Richtlinien der Zentralprüfungskommission von 1996.

Die Betriebs- und Rechtskunde wird an der Lehrabschlussprüfung je nach Schule bzw. Prüfungskreis entweder mündlich oder schriftlich geprüft: Die mündliche Prüfung dauert etwa 25 Minuten, die schriftliche 90 Minuten. An der schriftlichen Prüfung sind das OR und das ZGB als Hilfsmittel erlaubt. Um Sicherheit mit diesen Gesetzen zu erlangen, empfiehlt es sich, die einschlägigen Gesetzesartikel zu den Antworten jeweils nachzuschlagen.

Wir empfehlen Ihnen bei der Prüfungsvorbereitung folgendes Vorgehen:

1. Lesen Sie zu jedem Kapitel zuerst die entsprechende Theorie aus dem im Unterricht verwendeten Lehrmittel, damit Sie wieder einen Überblick über den Stoff gewinnen.
2. Beantworten Sie die Fragen dieses Buches, ohne die Antworten vorher nachzuschlagen. Verwenden Sie bei rechtlichen Problemstellungen OR und ZGB.
3. Korrigieren Sie Ihre Lösungen anhand des Lösungsschlüssels, und markieren Sie alle unvollständig oder falsch gelösten Aufgaben, damit Sie diese später nochmals repetieren können.
4. Lösen Sie am Schluss Ihrer Vorbereitungen die fünf Musterprüfungen im Anhang.

Wir wünschen Ihnen viel Erfolg an der Lehrabschlussprüfung!

Zürich, im Januar 2002   Jürg Leimgruber
                                           Urs Prochinig

Vorwort an die Lehrerin / den Lehrer

Das Lehrmittel wurde für das Selbststudium konzipiert und deckt die Anforderungen des Lehrplanes vom 20. Mai 1986 für die Ausbildung und die Lehrabschlussprüfung der kaufmännischen Angestellten in Betriebs- und Rechtskunde ab **und berücksichtigt die Richtlinien der Zentralprüfungskommission von 1996.**

Es empfiehlt sich, die Aufgabensammlung *und* die Lösungen durch die Lernenden anschaffen zu lassen. Ein optimales Vorgehen sehen wir darin, dass die Lernenden die Kapitel selbstständig durcharbeiten und die Lehrperson in ihrer Repetition nur noch Schwerpunkte setzt bzw. ihr wichtig erscheinende Zusammenhänge aufgreift und vertieft.

Mit der vielfältigen Aufgabenstellung soll der Lernende sowohl auf die mündliche als auch auf die schriftliche Lehrabschlussprüfung vorbereitet werden. Zur Selbstkontrolle sind im Anhang fünf Probeserien abgedruckt.

Natürlich hoffen wir, die Lehrperson mit diesem Repetitorium zu entlasten, damit sie sich der Vermittlung des Grundlagewissens besser widmen kann.

Die **10. Auflage** unterscheidet sich nur geringfügig von der 9., sodass im Unterricht ohne weiteres beide miteinander eingesetzt werden können. Die wichtigsten Korrekturen sind auf Gesetzesänderungen zurückzuführen:
> Kapitel 5, Lösung 21 (SchKG)
> Kapitel 6, Fragen 2 und 3 sowie Lösungen 2 bis 5 (ZGB)
> Kapitel 10, Lösung 12 (Steuergesetze)

Wir danken den Lehrerkolleginnen und -kollegen, die uns bei der Schaffung dieses Lehrmittels mit Hinweisen und Anregungen unterstützt haben. Ein besonderer Dank gilt den Autoren – vor allem Bruno Zwick – für die Überlassung der LAP-Serien.

Gerne hoffen wir auf aufbauende Kritik.

Zürich, im Januar 2002 	 Jürg Leimgruber
	 Urs Prochinig

1. Rechtliche Grundbegriffe und Rechtsordnung

1. Das menschliche Verhalten wird beeinflusst durch:

Recht	Sitte	Moral (Sittlichkeit)
System von Verhaltensvorschriften mit Befehlscharakter, welche das *äussere* Verhalten des Menschen bestimmen	Regeln des Brauches, des Anstandes und der Höflichkeit, welche das *äussere* Verhalten des Menschen prägen	Gesinnung, Einstellung des einzelnen Menschen, welche Ausdruck seines *inneren* Empfindens sind

a) Innerhalb welcher der drei Bereiche Recht, Sitte und Moral sind Verhaltensregeln erzwingbar (ankreuzen)?

[X] Recht [ ] Sitte [ ] Moral

b) Welche Art von Verhaltensregeln bestimmt in folgenden Fällen das Verhalten (ankreuzen):
   – Im überfüllten Tram den Sitzplatz an eine schwangere Frau abtreten

   [ ] Recht [X] Sitte [X] Moral

   – Bei Rotlicht anhalten

   [X] Recht [ ] Sitte [ ] Moral

   – «Liebe deinen Nächsten» (Matth. 5, 43)

   [ ] Recht [ ] Sitte [X] Moral

   – Grüssen des Vorgesetzten

   [ ] Recht [X] Sitte [(X)] Moral

   – Keine Verheimlichung von Vermögenswerten auf der Steuererklärung

   [X] Recht [ ] Sitte [(X)] Moral

   – Nichts Schlechtes über Verstorbene reden

   [ ] Recht [X] Sitte [X] Moral

c) Beschreiben Sie die Folgen bei Verstössen innerhalb der drei Bereiche.

Recht: Bestrafung durch den Staat, Busse, Gefängnis

Sitte: Tadelung, Ausstoss der Gesellschaft

Moral: schlechtes Gewissen

2. Charakterisieren Sie Rechtsstaat und totalitärer Staat, indem Sie die Merkmale a) bis e) richtig zuordnen.

	Rechts-staat	Totalitärer Staat
a) Es gilt das **Legalitätsprinzip**, d.h., die Behörden sind in ihrer Tätigkeit an die Verfassung und an die Gesetze gebunden und dürfen nur tätig werden, wenn eine rechtliche Vorschrift sie ausdrücklich dazu ermächtigt.	X	
b) Es gilt das Prinzip der **Gewaltentrennung**, d.h., die Staatsgewalt wird auf Legislative, Exekutive und Judikative verteilt.	X	
c) Die Macht im Staat konzentriert sich bei einer oder wenigen Personen (z.B. Diktator, König, Militärjunta).		X
d) Es bestehen keine durch Verfassung und Gerichte geschützten Grundrechte der Bürger.		X
e) Die Behörden sind kaum an rechtliche Vorschriften gebunden und entscheiden nach freiem Ermessen.		X

3. Damit der Staat nicht zu mächtig wird, ist die Staatsgewalt in einem Rechtsstaat auf drei Organe verteilt. Vervollständigen Sie die folgende Darstellung.

	Legislative	Exekutive	Judikative
Aufgabe	gesetzgebend (Erlass von Gesetzen)	ausführend (Vollzug der Gesetze)	richterliche (Rechtsprechung)
Zuständige Behörde auf Bundesebene?	Parlament = National- + Ständerat	Bundesrat	Bundesgericht, eidg. Versich.-gericht

4. Rechtsprobleme werden aufgrund verschiedener Rechtsquellen beurteilt. In der nachstehenden Grafik sind die fehlenden Begriffe zu den einzelnen Rechtsquellen einzusetzen.

Rechtsquellen

geschriebenes Recht	Gewohnheitsrecht	gerichtliche Praxis	richterliches Ermessen
Verfassung Gesetze Verordnungen	Lang geübte Bräuche, die allgemein verbindlich betrachtet werden	Frühere Gerichtsurteile, vor allem Bundesgerichtsentscheide	Eine die Umstände und Verhältnisse berücksichtigende Entscheidung

5. Beim geschriebenen Recht wird zwischen Verfassung, Gesetz und Verordnung unterschieden.

   a) Welcher der folgenden Texte stammt aus der Bundes**verfassung**, dem Bundes**gesetz** über den Strassenverkehr bzw. der Verkehrsregeln**verordnung**?

   Text 1:
   > Der Bund ist befugt, Vorschriften über Automobile und Fahrräder aufzustellen.

   BV

   Text 2:
   > ¹Auf Hauptstrassen und in den von Hauptstrassen berührten Ortschaften dürfen Motorwagen und Anhänger mit einer Breite bis zu 2,50 m verkehren; abweichende Signale sind vorbehalten.
   >
   > ²Arbeitsmaschinen und ihre Anhänger, landwirtschaftliche Fahrzeuge sowie Seuchenwagen und motorlose Fahrzeuge dürfen eine Breite von 2,50 m auch auf Strassen aufweisen, auf denen im Übrigen nur Fahrzeuge mit einer Höchstbreite von 2,30 m zugelassen sind. Heu, Stroh und andere lose Ladungen dürfen auf Fahrten zwischen Feld und Hof bis 3,50 m breit sein.
   >
   > ³Die Anhänger von Personen- und Lastwagen ohne Allradantrieb und von Gesellschaftswagen dürfen nicht breiter sein als das Zugfahrzeug. Es gelten folgende Ausnahmen:
   > a. Motorwagen von wenigstens 2,25 m Breite dürfen Transportanhänger mit einer Breite bis 2,30 m und Arbeitsanhänger mit einer Breite bis 2,50 m ziehen.
   > b. Sattelanhänger dürfen auf jeder Seite bis 10 cm breiter sein als das Zugfahrzeug.
   > c. Wohnanhänger und Anhänger zur Beförderung von Reitpferden und unteilbaren Sportgeräten (z.B. Segelflugzeuge, Boote und Rennwagen) dürfen an einem schmäleren, leichten Motorwagen bis 2,10 m breit sein.
   >
   > ⁴Schneepflüge dürfen breiter sein als die damit gebrauchten Fahrzeuge, müssen jedoch auffällig gekennzeichnet werden.

   Verkehrsregelnverordn.

   Text 3:
   > ¹Der Bundesrat erlässt im Rahmen der folgenden Bestimmungen Vorschriften über Ausmasse und Gewichte der Motorfahrzeuge und ihrer Anhänger. Er setzt ein angemessenes Verhältnis zwischen dem Gesamtgewicht und der Motorleistung der Fahrzeuge fest.¹⁾
   >
   > ²Die Breite darf mit der Ladung 2,30 m nicht überschreiten; der Bundesrat kann jedoch im Einvernehmen mit den beteiligten Kantonen bestimmte Strassen für Fahrzeuge bis zu 2,50 m Breite offen erklären.
   >
   > ...
   >
   > ⁷Signalisierte Beschränkungen der Breite, der Höhe, des Gewichtes und der Achslast der Fahrzeuge bleiben in jedem Fall vorbehalten.¹⁾
   >
   > ⁸Der Bundesrat kann nach Anhören der Kantone Ausnahmen vorsehen für Motorfahrzeuge und Anhänger im Linienverkehr und für solche, die wegen ihres besonderen Zweckes unvermeidbar höhere Masse oder Gewichte erfordern. Er umschreibt die Voraussetzungen, unter denen im Einzelfall unumgängliche Fahrten anderer Fahrzeuge mit höheren Massen oder Gewichten bewilligt werden dürfen.²⁾

   Bundesgesetz über Strassenverkehr.

   b) Welches ist der inhaltliche Unterschied zwischen Gesetz und Verordnung?

   c) Welche Unterschiede bestehen beim Erlass von Gesetzen und Verordnungen?

6. Das Recht wird in zwei Gruppen eingeteilt:
   - Das öffentliche Recht regelt die Beziehungen zwischen Privatpersonen und dem mit hoheitlicher Gewalt auftretenden Staat.
   - Das private Recht regelt die Beziehungen zwischen rechtlich gleichgestellten Privatpersonen.

   Ordnen Sie durch Ankreuzen folgende Gesetzestexte der richtigen Gruppe zu:

	privates Recht	öffentliches Recht
a) Der Schuldner ist an seinem Wohnsitz zu betreiben. (SchKG 46)		X
b) Mündig ist, wer das 18. Lebensjahr vollendet hat. (ZGB 14)	X	
c) Wer in der Absicht, sich oder einem anderen das Fortkommen zu erleichtern, Ausweisschriften, Zeugnisse, Bescheinigungen fälscht oder verfälscht, … wird mit Gefängnis oder Busse bestraft. (StGB 252)		X
d) Aus dem Verlöbnis entsteht keine Klage auf Eingehung der Ehe. (ZGB 91)	X	
e) Der Lehrvertrag bedarf zu seiner Gültigkeit der schriftlichen Form. (OR 344a)	X	
f) Signale und Markierungen sowie die Weisungen der Polizei sind zu befolgen… (SVG 27)		X
g) Wer einem anderen widerrechtlich Schaden zufügt…, wird ihm zum Ersatze verpflichtet. (OR 41)	X	
h) Natürliche Personen, die im Kanton wohnen oder im Kanton ihren gesetzlichen Wohnsitz haben, sind im Kanton für ihr gesamtes Einkommen und Vermögen steuerpflichtig. (StG 3)		X

7. In welche fünf Abteilungen wird das Obligationenrecht aufgeteilt?

   1.
   2.
   3.
   4.
   5.

8. Welche vier Teile enthält das Zivilgesetzbuch?

   1.
   2.
   3.
   4.

9. Die ersten ZGB-Artikel enthalten einige wichtige Rechtsgrundsätze. Erklären Sie die folgenden Grundsätze:

Handeln nach Treu und Glauben

Guter Glaube

Richterliches Ermessen

Beweislast

Wo kein Kläger ist, ist kein Richter

Rechtsunkenntnis schadet

10. Rechtsvorschriften können zwingend oder ergänzend (dispositiv) sein.
   a) Welche der folgenden Aussagen über das dispositive Recht sind richtig (ankreuzen)?

   ☒ Die dispositiven Gesetzesvorschriften gelten nur, sofern die Vertragsparteien nichts oder nichts anderes vereinbart haben.
   ☐ Dispositives Recht regelt die Beziehungen zwischen Bürger und Staat.
   ☐ Durch ergänzende Rechtsvorschriften wird der Schwache geschützt.
   ☒ Das dispositive Recht umfasst alle Rechtsnormen, die durch vertragliche Abmachungen abgeändert werden dürfen.
   ☐ Dispositiv sind jene Rechtsvorschriften, die nur für den Gläubiger gültig sind, nicht aber für den Schuldner.
   ☒ Dispositives Recht kommt im Privatrecht vor, nicht im öffentlichen Recht.

b) Kreuzen Sie an, ob die folgenden Beispiele ergänzend oder zwingend sind.

	ergänzend	zwingend
Die in diesem Titel aufgestellten Verjährungsfristen können durch Verfügung der Beteiligten nicht abgeändert werden. (OR 129)		X
Für die Verbindlichkeiten der Genossenschaft haftet das Genossenschaftsvermögen. Es haftet ausschliesslich, sofern die Statuten nichts anderes bestimmen. (OR 868)	X	
Mangels vertraglicher Abrede beträgt der Zinssatz vier vom Hundert. (OR 558 Abs. 2)	X	
Das Grundkapital der Gesellschaft muss mindestens fünfzigtausend Franken betragen. (OR 621)		X
Sofern nicht besondere Verhältnisse oder Verabredungen eine Ausnahme begründen, gehen Nutzen und Gefahr der Sache mit dem Abschluss des Vertrages auf den Erwerber über. (OR 185 Abs. 1)	X	

c) Suchen Sie eine dispositive Rechtsvorschrift zum Grundstückkauf, und nennen Sie die den dispositiven Charakter ausdrückende Formulierung.

Gesetz, Artikel, Absatz

Formulierung

11. Vervollständigen Sie die folgende Tabelle.

	Zivilprozess	Strafprozess	Verwaltungsverfahren
Zuständigkeitsbereich	Beurteilung von Privatrechtliche Streitigkeiten	Beurteilung von Straftaten (Delikte)	Beurteilung von Entscheiden von Amtsstellen
Prozessierende Parteien	- Kläger - Beklagten	- Ankläger - Angeklagte	- Behörde - Bürger
Beispiele	Streitigkeit aus dem OR + ZGB	- Mord, Körperverl., Raub, Vorkehrsdelikt	- Steuerzahlung - Baurecht - Sozialwes.

12. Welche der folgenden Verfahren kommen bei den Beispielen zur Anwendung (Grossbuchstaben einsetzen)?   Z = Zivilprozess   S = Strafprozess   V = Verwaltungsverfahren   B = Betreibung

Nr.	Beispiel	Verfahren
1.	Frau Karin Schneider will sich von ihrem Ehemann scheiden lassen.	Z
2.	Kain erschlägt Abel.	S
3.	Die UBS hat Silvia Freimüller einen Blankokredit gewährt, den diese nicht zurückzahlen will.	B
4.	Karl Frehner entwendet im Kunsthaus ein Gemälde von Pablo Picasso und wird dank der Alarmanlage am Ausgang verhaftet. Das Kunstwerk ist zum Glück unbeschädigt.	S

5. Jürg Grob erhebt Einsprache gegen die Einschätzung der Steuerbehörde. V

6. Astrid Meier hat an der Handelsschule KV Zug einen Informatikkurs besucht und bezahlt die Rechnung für das Kursgeld nicht. B

7. Peter Müller ist begeisterter Hobby-Hühnerzüchter. Ein Nachbar fühlt sich durch das morgendliche Krähen des Hahns gestört. Leider konnte keine gütliche Lösung gefunden werden. Z

13. Die folgenden Begriffe sind der richtigen Umschreibung zuzuordnen.

   – Rechtsmittelbelehrung
   – Appellation oder Berufung
   – Offizialdelikt
   – Antrags- oder Privatdelikt
   – Staatsrechtliche Beschwerde
   – Rekurs (Einsprache)

	Bei schweren Vergehen und Verbrechen greift der Staat von Amtes wegen ein und verfolgt die Straftat
	Einspruch gegen Verfügungen staatlicher Verwaltungsbehörden
	Hinweis im Urteil, welche rechtlichen Möglichkeiten offen stehen, sich gegen das Urteil zu wehren
	Anrufung des Bundesgerichtes als oberste Instanz zum Schutz des Bürgers vor Verletzung von verfassungsmässigen Rechten durch staatliche Behörden
	Der Staat überlässt es dem Geschädigten, ob er einen Strafantrag stellen will oder nicht
	Weiterziehen eines Urteils zur Neubeurteilung durch eine höhere Instanz

14. Unterstreichen und nummerieren Sie in der nachstehenden Geschichte jene Teile des Textes, die eine rechtliche Bedeutung haben, und nennen Sie die entsprechenden Rechtsgebiete. Die erste Handlung ist schon als Muster gelöst.①

    «Ein kaufmännischer Angestellter geniesst die Ferien in den Schweizer Bergen. Er mietet in einem Sportgeschäft eine Campingausrüstung① und zeltet auf einer Alp. Tags darauf besteigt er mit einem Bergführer einen Viertausender. Aus Unachtsamkeit schlägt ihm der Bergführer mit dem Eispickel zwei Zähne aus. Er steigt sofort ab, und der Bergführer überlässt ihm kostenlos das Auto für den Besuch des Zahnarztes im Nachbardorf. Wegen der starken Schmerzen überfährt er ein Rotlicht. Da ein weiteres Verbleiben im Zelt aus Gesundheitsgründen nicht mehr zumutbar ist, mietet er ein Chalet. Am andern Morgen kauft er eine Zeitung und liest in den Todesanzeigen, dass sein kinderloser Onkel ermordet worden ist. Nach soviel Ungemach entschliesst er sich, die Ferien abzubrechen.»

    ① Zivilrecht / OR (Mietvertrag)

    ② _____
    ③ _____
    ④ _____
    ⑤ _____
    ⑥ _____
    ⑦ _____
    ⑧ _____
    ⑨ _____
    ⑩ _____

2. Vertragslehre

Beantworten Sie alle Fragen anhand der Gesetze. Nennen Sie bei Ihren Antworten jeweils die zutreffenden Artikel.

A. Allgemeine Vorschriften

1. Wie wird man mündig?

2. Wer handlungsfähig ist, hat die Fähigkeit, Rechte und Pflichten zu begründen. Welche beiden Tatbestandsmerkmale sind Voraussetzung zur Erlangung der Handlungsfähigkeit?

   1.

   2.

3. Urteilsfähige unmündige oder entmündigte Personen können sich nur mit Zustimmung ihrer gesetzlichen Vertreter durch ihre Handlungen verpflichten, sie sind also beschränkt handlungsfähig.

   Kreuzen Sie an, welche Art der Handlungs(un)fähigkeit in folgenden Beispielen vorliegt:

	Handlungsfähigkeit	Handlungsunfähigkeit	beschränkte Handlungsunfähigkeit
a) 17-jähriger Lehrling			
b) Kleinkind			
c) Geisteskranker			
d) Lehrer am KV			
e) Bevormundeter 25-jähriger Arbeiter			
f) Berauschter 40-jähriger Familienvater			

4. Beurteilen Sie, ob in den folgenden Fällen ein gültiger Vertrag zustande gekommen ist:

   a) Eine 17-jährige Lehrtochter im zweiten Lehrjahr unterzeichnet bei einem Fitness Center einen Vertrag für Fr. 480.–, der sie dazu berechtigt, die Anlagen ein Jahr lang unbegrenzt zu nutzen.

   b) Ein 17-jähriger Lehrling unterschreibt einen Vertrag zum Kauf einer mobilen Disco-Anlage für Fr. 12 000.–.

5. Kreuzen Sie die richtigen Aussagen an.
   a) ❏ Richter und Rechtsanwälte sind juristische Personen.
   b) ❏ Ein urteilsunfähiges Kleinkind ist rechtsfähig.
   c) ❏ Juristische Personen sind erst handlungsfähig, wenn sie im Handelsregister eingetragen sind.
   d) ❏ Handlungsfähig ist, wer mündig ist.
   e) ❏ Urteilsfähig ist, wer mindestens 16-jährig ist.
   f) ❏ Ein Bevormundeter ist handlungsfähig.
   g) ❏ Ein Betrunkener ist nicht mündig.

6. Rechtsgeschäfte sind Willensäusserungen von Personen, die eine Rechtswirkung zur Folge haben.

   Rechtsgeschäfte

   Einseitige Rechtsgeschäfte
   Die Willensäusserung *einer* Partei genügt zur Herbeiführung der Rechtswirkung.

   Beispiele:

   Zwei- oder mehrseitige Rechtsgeschäfte
   Die Willensäusserung von *zwei oder mehreren* Parteien ist zur Herbeiführung der Rechtswirkung nötig.

   Beispiele:

7. Ergänzen Sie anhand des OR die beschriebenen Vertragsarten.

   a) Durch den Kaufvertrag verpflichtet sich der Verkäufer, dem Käufer _____ und ihm das _____ daran zu verschaffen, und der Käufer, dem Verkäufer den _____.

   b) Als Schenkung gilt jede _____ unter Lebenden, womit jemand aus seinem Vermögen einen andern _____ bereichert.

   c) Durch den Mietvertrag verpflichtet sich der Vermieter, dem Mieter eine _____ zu überlassen, und der Mieter, dem Vermieter hierfür einen _____.

   d) Durch den Darlehensvertrag verpflichtet sich der Darleiher zur Übertragung des _____ oder an andern vertretbaren Sachen, der Borger dagegen zur _____ von Sachen der nämlichen Art in gleicher Menge und Güte.

e) Durch den Werkvertrag verpflichtet sich der Unternehmer zur _____ und der Besteller zur _____ .

f) Durch die Annahme eines Auftrages verpflichtet sich der Beauftragte, die ihm übertragenen _____ vertragsgemäss _____ .

g) Durch den Bürgschaftsvertrag _____ gegenüber dem Gläubiger des Hauptschuldners, für die _____ .

8. Verträge sind zweiseitige Rechtsgeschäfte, die einseitig oder zweiseitig verpflichtend sein können.

```
                    Verträge
            ┌──────────┴──────────┐
Einseitig verpflichtende Verträge   Zweiseitig verpflichtende Verträge
```

Nur eine Partei ist zu einer Leistung verpflichtet.

Beide Parteien sind zu einer Leistung verpflichtet.

Beispiele (aus Frage 7):

Beispiele (aus Frage 7):

9. In welchen Fällen ist rechtlich eine Obligation entstanden?
   a) ☐ Ein Automobilist überfährt ein Rotlicht und verursacht einen Unfall.
   b) ☐ Ein Kunde bezahlt irrtümlich eine Rechnung zweimal.
   c) ☐ Ein Sportler verletzt sich im Training.
   d) ☐ Jemand kündigt eine Arbeitsstelle.
   e) ☐ Zwei Kollegen diskutieren über eine Sportveranstaltung.
   f) ☐ Sie mieten ein Velo.
   g) ☐ Ein Lieferant bietet eine Ware zu bestimmten Bedingungen an.
   h) ☐ Ein Kind wird vom Hund des Nachbarn gebissen und muss ärztlich behandelt werden.

10. Bestimmen Sie, wer in den folgenden Fällen haftbar ist, und kreuzen Sie an, ob es sich um eine Verschuldens- oder eine Kausalhaftung handelt.

Fall	Wer haftet nach welcher OR- bzw. ZGB-Vorschrift?	Verschuldenshaftung	Kausalhaftung
a) Durch unvorsichtiges Fahren verletzt ein Rollbrettfahrer einen Fussgänger, sodass dieser verarztet werden muss.			
b) Ein Malergeselle leert beim Streichen einer Zimmerwand den Farbkübel auf dem Berberteppich aus.			
c) Ein dreijähriger Junge schlägt beim Fussballspiel die Scheibe im Nachbarhaus ein.			
d) Eiszapfen fallen vom Hausdach und beschädigen ein Auto.			

11. Ein Gast tritt dem Hund des Gastgebers absichtlich auf den Schwanz. Der Hund wehrt sich und zerreisst die Hose des Besuchers. Der Gast fordert vom Hundehalter Schadenersatz gemäss OR 56. Der Hundehalter beruft sich auf OR 52 Abs. 1 und lehnt die Haftung ab.

    Wie beurteilen Sie die Rechtslage?

12. Sie haben aus Versehen eine Rechnung zweimal bezahlt. Mit welcher Begründung verlangen Sie das zu viel bezahlte Geld wieder zurück?

13. Ein Zeuge verpflichtet sich, gegen Bezahlung von Fr. 100.– bei einem Verkehrsunfall eine falsche Aussage zu machen. Bei der Gerichtsverhandlung sagt der Zeuge jedoch die Wahrheit, worauf der Angeklagte die Fr. 100.– gemäss OR 62 zurückverlangt.

    Ist der Zeuge zur Rückerstattung verpflichtet? Begründung?

14. Sie lassen in einer Boutique ein Kleid reservieren und versprechen, dieses am Abend abzuholen. Da Sie am gleichen Abend ein Rendezvous haben, vergessen Sie das Ganze. Nach einer Woche erhalten Sie das Kleid samt Rechnung zugeschickt.

    Müssen Sie das Kleid bezahlen? Begründung?

15. Ein Verlag schickt Ihnen unaufgefordert ein kleines Regional-Telefonbüchlein. Im Begleitschreiben steht: «Wenn Sie das Telefonbuch innert 10 Tagen nicht zurücksenden, nehmen wir an, dass Sie es behalten wollen. Wir bitten Sie, in diesem Fall Fr. 12.– mit beiliegendem Einzahlungsschein zu überweisen.»

    Sie unternehmen nichts und erhalten nach einem Monat die erste Mahnung. Wie beurteilen Sie die Rechtslage?

16. Ein 22-jähriger kaufmännischer Angestellter schliesst schriftlich einen Kaufvertrag für einen gebrauchten Volvo zum Preis von Fr. 20000.– ab. Bei der Übergabe des Fahrzeuges fehlt die bei der Besichtigung noch vorhandene Stereoanlage. Der Käufer ist der Meinung, dass der Vertrag ungültig ist, da die Willensübereinstimmung fehlt, und will den Wagen nicht mehr annehmen.

    Wie ist die Rechtslage?

17. Ein Drogist bestellt am Morgen bei AMIDRO, der Einkaufsgenossenschaft für Drogisten, schriftlich per Post 100 Flaschen Stärkungsmittel «Drosano» zu Fr. 20.– die Flasche. Lieferung in zwei Wochen. Am Nachmittag entdeckt er, dass er diesen Saft direkt beim Hersteller für Fr. 16.– beziehen könnte. Deshalb macht er die Bestellung sofort per Fax rückgängig.

    Muss AMIDRO diesen Widerruf annehmen? Begründung?

18. Vervollständigen Sie nachstehendes Schema zum Angebot.

    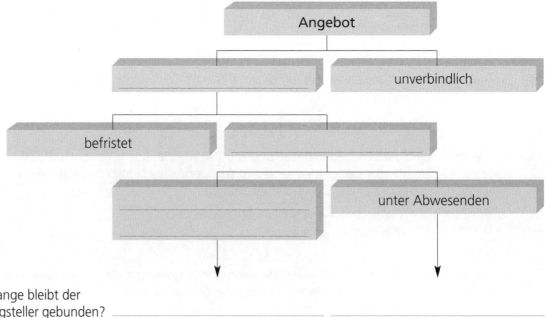

    Wie lange bleibt der Antragsteller gebunden?

19. Einem Kunstliebhaber wird von einer Galerie telefonisch das Bild «Vue des alpes» von Ferdinand Hodler zum Preis von Fr. 30000.– offeriert. Er kann sich nicht sofort entschliessen und ruft am nächsten Tag zurück, nachdem er aus der Zeitung erfahren hat, dass bei einer Auktion ein anderes Bild von F. Hodler zu einem Spitzenpreis die Hand gewechselt hat. Die Galerie verlangt inzwischen aber Fr. 40000.– für die «Vue des alpes».

   Muss die Galerie das Bild für Fr. 30000.– liefern? Begründung?

   _____
   _____

20. Welche Aussagen sind richtig bzw. falsch?

    richtig falsch

    a) ❐ ❐ Ein mit Fax unterbreitetes Angebot mit dem Vermerk «Ihre Bestellung erwarten wir bis 15.00 Uhr» ist verbindlich.

    b) ❐ ❐ Ein Ferienprospekt mit einer Südsee-Reise für Fr. 3990.– ist unverbindlich.

    c) ❐ ❐ Das Inserat eines Weinhändlers im «Tages-Anzeiger» vom 10. Juni für 12 Flaschen «Château la Pompe, 1992» zum Preis von Fr. 100.–, befristet bis 20. Juni, ist ein verbindliches Angebot.

    d) ❐ ❐ Schaufensterauslagen sind immer unverbindlich.

    e) ❐ ❐ Ein schriftliches Angebot mit dem Vermerk «solange Vorrat» ist unverbindlich.

    f) ❐ ❐ Ein Motorrad-Katalog mit Preisliste ist ein verbindliches Angebot.

    g) ❐ ❐ Ein Snowboard zum Preis von Fr. 590.– statt Fr. 650.– in einer Ausstellung für Wintersportartikel ist ein verbindliches Angebot.

21. Geben Sie drei Beispiele für eine «die Behaftung ablehnende Erklärung» gemäss OR 7 Abs 1.

    _____
    _____
    _____

22. Der Gesetzgeber hat aus folgenden Gründen für bestimmte Verträge Formvorschriften erlassen: Schutz des wirtschaftlich Unerfahrenen, Beweissicherung, Information der Öffentlichkeit. Welche Formvorschriften bestehen für nachfolgende Verträge? (Richtige Antworten ankreuzen.)

	Schriftlichkeit		öffentliche Beurkundung	Eintrag in ein öffentliches Register
	einfache	qualifizierte		
a) Abzahlungskauf				
b) Eigentumsvorbehalt				
c) Gründung einer Aktiengesellschaft				
d) Bürgschaft einer natürlichen Person für Fr. 1000.–				
e) Grundstückkauf				
f) Lehrvertrag				

23. Beantworten Sie folgende Fragen zu den Formvorschriften:

    a) Eine 19-jährige krebskranke Frau regelt ihren Nachlass mit einem maschinengeschriebenen und von Hand unterzeichneten Testament. Ist diese letztwillige Verfügung gültig?

    Antwort (Ja/Nein)

    Begründung

    b) Ist die Unterschrift der Ehefrau notwendig für eine Bürgschaft von Fr. 5000.–, wenn der Ehemann als Prokurist bei der CS im Handelsregister eingetragen ist?

    Antwort (Ja/Nein)

    Begründung

24. Nichtige Verträge gelten rechtlich als nicht abgeschlossen. Welche Gründe führen zur Nichtigkeit von Verträgen?

    1.
    2.
    3.
    4.
    5.

25. Der Wirt zum «Frohsinn» schliesst mit dem Dorfpolizisten einen Vertrag ab, in welchem er sich verpflichtet, dem Polizisten monatlich Fr. 200.– zu überweisen. Als Gegenleistung verspricht der Landjäger, im Restaurant Frohsinn das Einhalten der Polizeistunde nicht zu überprüfen.

    Ist dieser Vertrag gültig? Begründung?

26. Anfechtbare Verträge können durch die benachteiligte Partei innert Jahresfrist aufgelöst werden. Welche Gründe führen zu dieser einseitigen Unverbindlichkeit? Geben Sie auch die entsprechenden OR-Artikel an.

    1.
    2.
    3.
    4.

27. Frau Schärli kauft ein Ballkleid für Fr. 600.– und führt es am Abend ihrem Mann vor. Da dem Ehegatten die Farbe überhaupt nicht gefällt, bringt sie das Kleid am anderen Tag in die Boutique zurück.

    Muss das Geschäft das Kleid zurücknehmen? Begründung?

28. Herr Meier schliesst am 10. Mai einen Mietvertrag für eine Wohnung ab. Als Mietbeginn ist der 1. Oktober vorgesehen. Als er am 1. Juli vom Vermieter die Wohnungspläne verlangt, stellt er enttäuscht fest, dass es sich bei der betreffenden Wohnung nicht um die schöne Attikawohnung mit Blick auf den Zürichsee handelt, die er eigentlich mieten wollte, sondern um die enge, düstere Parterrewohnung.

    Was empfehlen Sie Herrn Meier?

29. Ein Wirt kauft einen Geldspielautomaten «Lucky Punch». Nach der Installation stellt sich heraus, dass dieser Typ Automat im Kanton Zürich verboten ist.

    Kann der Wirt den Vertrag anfechten?

30. Sie wollen im Versandhandel das 10-bändige Duden-Nachschlagewerk mit der Bestell-Nummer 8904-101 bestellen. Eine Woche später erhalten Sie den grossen Brockhaus in 20 Bänden mit der Bestell-Nummer 8904-111, und es stellt sich heraus, dass Sie bei der Bestellung die Nummer verwechselt haben.

    Was können Sie unternehmen?

31. Welches sind je die drei Tatbestandsmerkmale gemäss OR für die

Übervorteilung (OR 21)	Absichtliche Täuschung (OR 28)	Furchterregung (OR 29 + 30)
•	•	•
•	•	•
• Kausalzusammenhang zwischen Ausbeutung und Vertragsabschluss	• Kausalzusammenhang zwischen	• Kausalzusammenhang zwischen

32. Ein Autohändler in Seldwyla verkauft der Gemeindeschwester, die sich nach einem neueren, zuverlässigen Gebrauchtwagen erkundigt, eine Occasion mit der Zusicherung, diese sei erst 20 000 km gefahren worden, wohl wissend, dass der Wagen tatsächlich 120 000 km auf dem Buckel hat.

    Bei der bald fälligen Fahrzeugkontrolle durch das Strassenverkehrsamt erfährt sie die Wahrheit. Welches Vorgehen empfehlen Sie der Krankenschwester?

33. Mieterschreck Huber vermietet einem obdachlosen Fremdarbeiter bei hereinbrechendem Winter eine Einzimmerwohnung für Fr. 500.– im Monat. Später erfährt der Ausländer, dass die ortsübliche Miete für eine vergleichbare Wohnung höchstens Fr. 450.– beträgt.

    Kann der Mieter den Vertrag wegen Übervorteilung anfechten? Begründung?

34. Unter *Gattungsware* versteht man vertretbare Sachen, die in gleicher Beschaffenheit und Qualität in grosser Menge vorhanden sind. Die *Speziesware* ist wegen ihrer Individualität einmalig und kann nicht ohne weiteres durch ein gleiches Stück derselben Qualität und Beschaffenheit ersetzt werden.

    Ordnen Sie den folgenden Beispielen durch Ankreuzen den richtigen Begriff zu.

	Gattungsware	Speziesware
a) Heizöl		
b) Zucker, Weizen, Reis, Tee		
c) Mona Lisa von Leonardo da Vinci		
d) Obligationen der ZKB, Serie 35		
e) Gebrauchtwagen		
f) Gold		

35. Erfüllungsort ist der Ort, wo die vertragliche Leistung erbracht werden muss. Nennen Sie den Erfüllungsort gemäss OR für folgende Schulden:

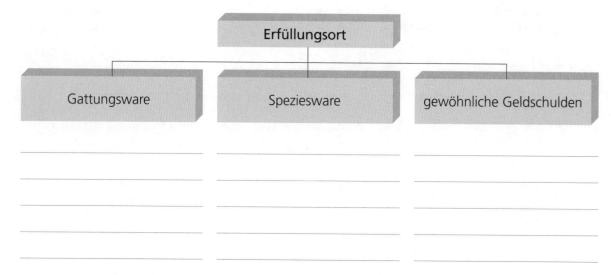

36. Wo ist bei den folgenden Beispielen der Erfüllungsort, sofern keine vertraglichen Vereinbarungen getroffen wurden?
    a) Marlies Meier, Wohnsitz in Zürich, zahlt der Basler Kantonalbank, Geschäftssitz in Basel, ein Darlehen von Fr. 10000.– zurück.
    b) Die Conserva S.A. in Morges liefert dem Gemüsehändler G. Martinelli in Rapperswil 100 Dosen Erbsen.
    c) Das Kunstwerk «Partnerschaft» von Benno Schulthess, Widen, wird anlässlich einer Ausstellung in Nänikon von der Galerie «Zum Turm», Zürich, an den Kunstliebhaber Franz Locher, Möriken, verkauft. Der Kaufabschluss fand im Bahnhofbuffet Uster statt.
    d) Fredi Beyeler, Basel, schuldet der Pirelli-Garage, Bern, aus einem Auto-Occasionskauf Fr. 15000.–. Der Vertragsabschluss fand an einem Fussballmatch in Zürich statt, und das Auto befand sich zu jenem Zeitpunkt auf einem Parkplatz in Aarau.

37. Beantworten Sie folgende Fragen unter der Voraussetzung, dass in keinem Fall vertragliche Vereinbarungen getroffen wurden.
    a) Wer bezahlt im Beispiel von Aufgabe 36 d) die Kosten der Überführung des Autos von Aarau nach Basel?

    b) Wer zahlt die Verpackung der 100 Dosen im Beispiel von Aufgabe 36 b)?

    c) Franz Locher verlangt im Beispiel von Aufgabe 36 c) die sofortige Herausgabe des Bildes; der Galerist will dieses hingegen noch zwei Wochen lang bis am Ende der Ausstellung hängen lassen. Wer hat Recht, und wie lautet die Begründung?

38. Was versteht man unter Verjährung?

39. Welche Verjährungsfristen gelten in den folgenden Fällen? | Zeit
    a) Zins- und Dividendencoupons
    b) Eine zur Rückzahlung gekündigte Obligation
    c) Grundpfandforderung
    d) Mietzinsforderung
    e) Forderung aus ungerechtfertigter Bereicherung (Der Verletzte hat Kenntnis von seinem Anspruch.)
    f) Verlustscheinforderung

40. Ein Handwerker baut Anfang 20_1 in einem alten Einfamilienhaus eine Dusche ein und fakturiert seine Arbeit am 30. März 20_1 mit einem Zahlungsziel von 30 Tagen. Am 12. April 20_6 mahnt er den Kunden durch eingeschriebenen Brief und setzt ihm unter Androhung der Betreibung eine letzte Zahlungsfrist von 10 Tagen.

   a) Welche rechtlichen Möglichkeiten hat der Handwerker, wenn der Kunde im Mai noch nicht bezahlt hat?

   b) Am 20. Juli 20_6 bezahlt der Kunde aufgrund der Mahnung des Handwerkers. Wenig später erfährt er jedoch, dass er damit eine verjährte Forderung bezahlt hat. Er fordert den Betrag aufgrund von OR 62 ff zurück.

   Wie beurteilen Sie die Rechtslage?

41. Wie heissen in folgenden Beispielen die gewählten Sicherungsmittel für die Vertragserfüllung? Handelt es sich dabei eher um Real- oder Personalsicherheiten?

	Sicherungsmittel	Art der Sicherheit (Ankreuzen)	
		Realsicherheit	Personalsicherheit
a) Hinterlegen einer Monatsmiete für eine Wohnung, die bei Vertragsverletzung vom Vermieter zur Deckung des Schadens verwendet werden kann.			
b) Ein Baumeister verpflichtet sich, bei Überschreitung des Termins für jeden Verzugstag Fr. 1000.– zu bezahlen.			
c) Von einer gebuchten Pauschalreise kann bis vier Wochen vor Reiseantritt gegen eine Gebühr von Fr. 100.– ohne Angabe von Gründen zurückgetreten werden.			
d) Ein Garagist behält das reparierte Auto bis zur vollständigen Zahlung der Reparaturen zurück.			
e) Beim Abzahlungskauf wird vereinbart und im entsprechenden Register eingetragen, dass das Eigentum nicht mit der Übergabe der Kaufsache, sondern erst mit der vollständigen Bezahlung auf den Käufer übergehe.			

	Sicherungsmittel	Art der Sicherheit (Ankreuzen)	
		Real-sicherheit	Personal-sicherheit
f) Ein Arbeitnehmer tritt zur Sicherung seiner familienrechtlichen Unterstützungspflichten einen Teil seines zukünftigen Lohnes an die geschiedene Frau ab.		☐	☐
g) Ein Nebenschuldner verpflichtet sich gegenüber dem Gläubiger des Hauptschuldners, für die Erfüllung der Schuld einzustehen, falls der Hauptschuldner nicht zahlen kann.		☐	☐
h) Zur Sicherung eines Kredites werden Wertschriften hinterlegt.		☐	☐
i) Als Sicherheit wird dem Kreditgeber ein Pfandrecht an einer Liegenschaft eingeräumt.		☐	☐

42. Unter welchen vier Voraussetzungen (Tatbestandsmerkmale) besteht das Retentionsrecht nach ZGB 895 I?

43. Ein Bilderrahm-Geschäft verkauft einem Privatmann das Geschäftsauto am 30. April 20_2 mit einem Zahlungsziel von 30 Tagen. Dieser bezahlt die Rechnung trotz wiederholter Mahnung nicht. Am 15. August 20_2 übergibt der Privatmann dem Bilderrahm-Geschäft ein wertvolles Gemälde zum Rahmen.

    Kann das Bilderrahm-Geschäft das Retentionsrecht geltend machen? Begründung?

44. Welches Sicherungsmittel ist in den folgenden Fällen sinnvoll?
    a) ☐ Reugeld, damit ein leitender Angestellter nach dem Austritt aus der Firma nicht bei einem Konkurrenzunternehmen arbeiten kann.
    b) ☐ Verpfändung einer Mobiliarversicherungspolice als Sicherheit für das Überziehen des Gehaltskontos.
    c) ☐ Vereinbarung eines Eigentumsvorbehaltes beim Kauf von Heizöl.
    d) ☐ Hinterlage einer Kaution (Mietzinsdepot), damit der Vermieter geschützt ist bei Zahlungsunfähigkeit des Mieters.
    e) ☐ Verpfändung von Wertschriften bei der Aufnahme einer Hypothek.
    f) ☐ Retentionsrecht beim Kauf einer Wohnungseinrichtung auf Abzahlung.

B. Kaufvertrag

45. Wann geht das Eigentum auf den Käufer über?

   a) beim Fahrniskauf?

   b) beim Grundstückkauf?

46. Eine Garage verkauft einem Kunden einen BMW 750i für Fr. 100 000.–, zahlbar in 10 Monatsraten. Nach der zweiten Rate macht der Kunde Konkurs.

   a) Kann der Garagist das Auto wieder zurückverlangen, sofern die Formvorschriften des Abzahlungsvertrags eingehalten worden sind? Begründung?

   b) Unter welcher Voraussetzung kann der Eigentumsvorbehalt geltend gemacht werden?

47. In welchem Zeitpunkt gehen Nutzen und Gefahr auf den Käufer über?

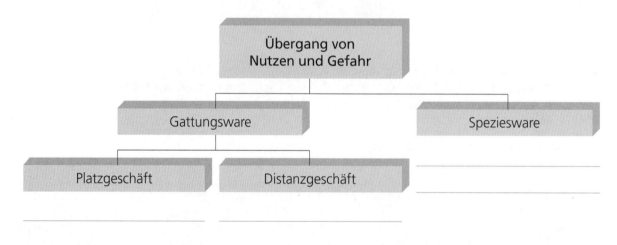

48. Nach mehrwöchigen Verhandlungen einigt sich ein Berner Kunstliebhaber mit einem japanischen Kunsthändler über den Kauf des Gemäldes «Die japanische Brücke und der Seerosenteich» von Claude Monet. Unglücklicherweise wird das Kunstwerk kurz nach Vertragsabschluss durch ein Erdbeben zerstört.

   Muss der Berner Kunstliebhaber das Bild nach Schweizer Recht trotzdem bezahlen? Begründung?

49. Welche Arten der Vertragsverletzung kennen Sie?
    Vervollständigen Sie das nachstehende Schema.

    ```
                        Vertragsverletzungen
                       /                    \
              durch den Käufer        durch den Verkäufer
    ```

50. Welche beiden Möglichkeiten hat der Verkäufer, wenn der Käufer die Annahme der ordnungsgemäss gelieferten Ware verweigert?

    1. _____
    2. _____

51. Was versteht man unter Fixkauf, was unter Mahnkauf?

    Fixkauf:

    Beispiele:

    Mahnkauf:

    Beispiele:

52. Wann gerät der Lieferant in Verzug?

    a) beim Fixkauf?

    b) beim Mahnkauf?

53. Ein Früchtehändler kauft 100 kg Bananen zu Fr. 2.–/kg, die er zu Fr. 3.– weiterverkaufen will.
    Welches Recht wird der Käufer bei Verzug des Lieferanten gemäss OR 107 Abs. 2 geltend machen?
    a) Der Früchtehändler kann die Bananen bei einem anderen Lieferanten zu Fr. 2.50/kg sofort beziehen (Deckungskauf).

b) Der Früchtehändler kann die Bananen bei einem anderen Lieferanten zu Fr. 1.80/kg sofort beziehen.

c) Der Früchtehändler kann die Bananen bei keinem anderen Lieferanten beziehen und ist dringend auf die Ware angewiesen, weil heute Markttag ist und er einen Stand gemietet hat.

54. Ein Warenhaus vereinbarte mit einem Fabrikanten die Lieferung von 500 Paar Jeans zu Fr. 30.–/Stück für den Ausverkauf, Liefertermin 15. Januar. Als die Ware am 20. noch nicht eingetroffen war, deckte sich das Warenhaus bei der Konkurrenz zu Fr. 35.–/Stück ein. Kurz darauf trafen auch die ursprünglich bestellten Hosen ein.

    a) Muss das Warenhaus die verspätet gelieferten 500 Paar Jeans annehmen? Begründung?

    b) Wer zahlt den Mehrpreis von Fr. 5.–/Stück beim Deckungskauf?

55. Eine Warenlieferung im Wert von Fr. 8000.– wurde am 10. Juli mit 30 Tagen netto fakturiert. Da die Zahlung ausblieb, verlangte der Lieferant mit der Mahnung vom 10. Oktober die sofortige Bezahlung. Da diese Frist auch ungenutzt verstrich, leitete der Lieferant am 10. Dezember die Betreibung ein.

    a) Wann geriet der Schuldner in Verzug?

    b) Wie hoch sind die Verzugszinsen gemäss OR, und ab welchem Datum können sie berechnet werden?

56. Franz Carl Weber, Zürich, hat bei der Spielwarenfabrik R. Burckhardt, Basel, Spielwaren bestellt. Beim Empfang der Sendung stellt der Käufer fest, dass ein Teil der Spielwaren Farbschäden aufweist.

    a) Welche drei Pflichten hat der Käufer im Falle einer mangelhaften Lieferung?

    b) Der Verkäufer teilt telefonisch mit, er werde in vier Tagen einen Maler vorbeischicken, der die Farbschäden einwandfrei ausbessern werde.
    Ist der Käufer verpflichtet, darauf einzugehen? (Die Antwort ist zu begründen.)

c) Nehmen Sie an, der Verkäufer habe sein Geschäftsdomizil ebenfalls in Zürich und F.C. Weber habe die Ware in Zürich gekauft.

Welche Möglichkeit hätte der Verkäufer in diesem Fall?

57. Am Samstag kauft Fritz Gehrig bei einem Garagisten ein Auto für Fr. 20000.– auf Abzahlung.

   a) Kann er am Montag ohne besondere Gründe vom Vertrag zurücktreten? Begründung?

   b) Muss er zum Vertragsabschluss das Einverständnis der Ehefrau einholen? Begründung?

   c) Welches ist die Rechtsfolge, wenn der Barkaufpreis im Kaufvertrag fehlt?

   d) Welches ist die Rechtsfolge, wenn F. Gehrig die vorgeschriebene Mindestanzahlung nicht leistet?

58. Was fällt alles unter die Bezeichnung «Grundstücke»? Kreuzen Sie die richtigen Antworten an.

   ❏ Stockwerkeigentum
   ❏ Stück Land
   ❏ Haus
   ❏ Wohnungseinrichtung
   ❏ Bergwerk
   ❏ Selbstständige, dauernde Rechte wie Wegrecht, Wasserrecht, Baurecht

59. Um welche im Grundbuch eintragbaren Rechte handelt es sich bei den nachstehenden Umschreibungen? (Schlagen Sie allenfalls ZGB 779 und 959 nach.)

	Ein im Grundbuch eingetragener Begünstigter kann das Grundstück anstelle anderer Kaufinteressenten erwerben.
	Recht, ein bestimmtes Grundstück zu bestimmten Bedingungen zu kaufen.
	Jemand erhält das Recht, auf oder unter der Bodenfläche ein Bauwerk zu errichten oder beizubehalten.

60. Claudia Hanselmann und Hans Felder haben geheiratet und eine gemeinsame Wohnung eingerichtet.

   a) Für den Kauf eines Fernsehgerätes für Fr. 3000.– fehlen die flüssigen Mittel. Nennen Sie vier im OR geregelte Vertragsarten, welche die Beschaffung des Fernsehers ermöglichen. Welches sind die Hauptvorteile der einzelnen Varianten?

Vertragsarten	Hauptvorteile

b) Das Ehepaar hat eine Espresso-Kaffeemaschine gekauft. Nach einem Monat Betrieb produziert der Apparat nur noch lauwarmes Wasser, worauf der beim Kauf erhaltene Garantieschein hervorgeholt wird:

> **Garantieschein**
>
> Der Hersteller dieser Espresso-Kaffeemaschine verpflichtet sich bei Material- oder Fabrikationsschäden während einer Garantiedauer von zwei Jahren, das Gerät kostenlos zu reparieren. Ausgeschlossen sind Schäden, welche durch falsche Bedienung, Eingriffe von Drittpersonen oder höhere Gewalt entstehen. Alle weiteren Rechtsansprüche sind ausgeschlossen.

Welche drei im OR genannten Rechtsansprüche wegen Mängel der Kaufsache sind durch diesen Garantieschein ausgeschlossen worden?

_____

_____

_____

c) In welchem Punkt ist der Garantieschein von Aufgabe b) vorteilhafter als die dispositive Regelung im OR?

_____

C. Arbeitsvertrag

61. Geben Sie Beispiele zu den genannten Verträgen, die alle eine Arbeitsleistung zum Inhalt haben.

```
                        Vertragsarten
        ┌──────────────────┼──────────────────┐
  Arbeitsvertrag    Werkvertrag (OR 363)   Auftrag (OR 394)
```

62. Ein Student arbeitet in den Semesterferien einen Monat lang als Hilfsarbeiter auf einer Baustelle. Als er Ende Monat einen Lohn fordert, erklärt ihm der Baumeister, er habe keinen Lohnanspruch, da kein Arbeitsvertrag bestehe.

    Wie beurteilen Sie die Rechtslage?

63. Bestimmen Sie anhand des OR die wichtigsten Pflichten von Arbeitnehmer und Arbeitgeber.

```
                    Pflichten
            ┌───────────┴───────────┐
       Arbeitnehmer              Arbeitgeber
```

64. Die Gewährung von Ferien ist eine Pflicht des Arbeitgebers. Bei der Frage, *wann* innerhalb des Jahres die Ferien bezogen werden sollen, gehen die Ansichten von Arbeitgeber und Arbeitnehmer häufig auseinander.

    a) Nennen Sie stichwortartig je zwei Überlegungen von Arbeitgeber- und Arbeitnehmerseite.

    Arbeitgeber

    Arbeitnehmer

    b) Wie ist die gesetzliche Regelung, falls die Parteien diesen Interessenskonflikt nicht selbst lösen können?

65. Setzen Sie in folgendem Schema die obligationenrechtlichen Kündigungsfristen ein.

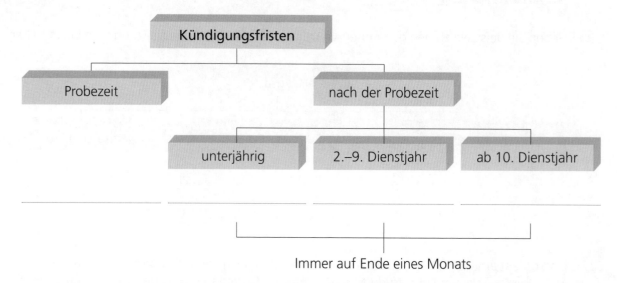

Immer auf Ende eines Monats

66. An welchem Datum endet in den folgenden Fällen das Arbeitsverhältnis?

   a) Herr G. Frei, kaufmännischer Angestellter, kündigt mündlich während der Probezeit am Dienstag, 7. Juli 20_5.

   b) Frau M. Rigonalli, Direktorin, kündigt nach fünf Dienstjahren am 20. September 20_5. Es bestehen keine besonderen vertraglichen Abmachungen.

   c) Frau M. Praxmarer, EDV-Leiterin, kündigt nach 12 Dienstjahren am 14. August 20_5. Im Einzelarbeitsvertrag wurden folgende Kündigungsfristen vereinbart: Der Arbeitgeber muss eine Kündigungsfrist von sechs Monaten einhalten, der Arbeitnehmer eine solche von vier Monaten (jeweils auf Ende des Monats).

67. Peter Hardegger arbeitet seit drei Jahren bei der Meier AG. Diese kündigt das Arbeitsverhältnis am 10. April 20_1.

   a) Auf welchen Termin kann die Meier AG gemäss OR frühestens künden?

   b) Was empfehlen Sie Peter Hardegger, wenn feststeht, dass seine Gewerkschaftszugehörigkeit der Kündigungsgrund ist?

68. Eine 20-jährige kaufmännische Angestellte im ersten Dienstjahr teilt ihrem Arbeitgeber mit, sie sei im dritten Monat schwanger.

   a) Wie ist die Rechtslage, wenn ihr der Arbeitgeber sofort kündigt?

   b) Wie wäre die Rechtslage, wenn ihr der Arbeitgeber zwei Wochen vor der Schwangerschaft gekündigt hätte?

69. Auf 1. September 20_2 wurde Karin Baumann als nebenamtliche Hauswartin mit einem Monatslohn von Fr. 600.– eingestellt. Dabei wurden keine vom OR abweichende Regelungen getroffen.

   a) Welche Art von Vertrag liegt hier vor?

   Am 16. Februar 20_3 erkrankt Karin Baumann, sodass sie laut Arztzeugnis bis Mitte April 20_3 zu 100% arbeitsunfähig ist.

   b) Wie lange kann Karin Baumann den Lohn während ihrer Krankheit fordern?

   c) Am 27. März 20_3 kündigt der Hauseigentümer den Anstellungsvertrag mit Karin Baumann mit eingeschriebenem Brief, der am nächsten Tag bei ihr eintrifft. Beurteilen Sie, ob es hier um eine Kündigung zur Unzeit (während der Sperrfrist) handelt.

   d) Wäre eine Kündigung dieses Arbeitsverhältnisses auch gültig, wenn sie mündlich ausgesprochen wird? Begründung?

   e) Nehmen Sie an, die Kündigung am 27. März 20_3 bei Frage c) sei rechtsgültig erfolgt, aber erst am 1. April 20_3 bei Karin Baumann eingetroffen. Welchen Einfluss auf die Dauer des Vertragsverhältnisses hat dieser Umstand?

70. Ein Warenhaus hat für die Zeit vom 1. Dezember 20_1 bis 31. August 20_2 einen Laageristen angestellt und diese Vertragsdauer schriftlich bestätigt.

   a) Kann das Geschäft den Lageristen wegschicken, wenn dieser am 1. September 20_2 weiterhin zur Arbeit erscheint? Begründung?

b) Der Lagerist erscheint nach Ende August 20_2 weiterhin regelmässig zur Arbeit, und man lässt ihn gewähren, da noch viele unerledigte Aufträge auszuführen sind. Am 15. November 20_2 will man den Lageristen endgültig entlassen. Auf welches Datum kann dies gemäss Gesetz frühestens geschehen?

c) Muss der Arbeitgeber dem Lageristen einen Grund angeben, wenn er ihm am 15. November 20_1 kündigt? Begründung?

d) Der Lagerist verlangt bei seinem Austritt aus dem Warenhaus vom Arbeitgeber ein Arbeitszeugnis. Worüber hat dieses üblicherweise Auskunft zu geben?

71. Heinz Haller hat vor drei Jahren die Lehrabschlussprüfung als kaufmännischer Angestellter bestanden und arbeitet seither als Buchhalter bei der Treuhand AG. In der Freizeit hilft er Freunden und Bekannten unentgeltlich beim Ausfüllen der Steuererklärung.

   a) Welches sind die beiden wichtigsten Voraussetzungen (Tatbestandsmerkmale) zur Treuepflicht gemäss OR 321a Abs. 3?

   b) Wie ist die Rechtsfolge in diesem konkreten Fall? (Darf Heinz Haller diese Arbeiten gemäss OR erledigen?)

72. Manchmal enthält der Arbeitsvertrag ein Konkurrenzverbot.

   a) Unter welchen vier Voraussetzungen (Tatbestandsmerkmale) ist ein Konkurrenzverbot gemäss OR 340 und 340a gültig?

   b) Welches ist die Rechtsfolge, wenn eine Voraussetzung nicht erfüllt ist?

   c) Welches ist die Rechtsfolge, wenn der Arbeitnehmer das Konkurrenzverbot verletzt?

   d) Welches ist der Vorteil für den Arbeitgeber, wenn für die Verletzung des Konkurrenzverbotes eine Konventionalstrafe abgemacht wurde?

73. Was ist ein Gesamtarbeitsvertrag (GAV)?

74. Welches sind die wichtigsten in einem Gesamtarbeitsvertrag (GAV) geregelten Punkte?

75. Ein 20-jähriger kaufmännischer Angestellter tritt eine neue Stelle an und rückt 4 Monate später in die Rekrutenschule ein.
    a) Wie lange muss der Arbeitgeber den Lohn gemäss OR bezahlen?

    b) Wie ist die Rechtslage, wenn im einschlägigen Gesamtarbeitsvertrag eine Lohnzahlung von 50% über die ganze RS-Zeit vorgeschrieben ist?

76. Geben Sie je zwei wichtige Gründe an, die von Arbeitgeber- oder Arbeitnehmerseite her zur fristlosen Vertragsauflösung führen können.

Arbeitgeber	Arbeitnehmer

77. Bruno Zwick feiert am 25. Juni 20_4 gleichzeitig seinen 19. Geburtstag und den erfolgreichen Lehrabschluss als kaufmännischer Angestellter. Sein Lehrvertrag läuft Ende Juni aus. Am 20. April 20_4 wurde zwischen ihm und dem Lehrmeister mündlich vereinbart, dass er ab 1. Juli weiterhin im Lehrgeschäft zu einem Anfangslohn von 3500.– arbeiten könne.
    a) Ist eine solche mündliche Vereinbarung grundsätzlich gültig?

    b) Erfolgte die Vereinbarung über die Weiterbeschäftigung rechtzeitig?

    c) Mit wie viel Wochen Ferien kann Bruno Zwick im zweiten Halbjahr 20_4 rechnen?

d) Bruno Zwick möchte sich ein Auto kaufen. Deshalb bittet er seinen Arbeitgeber am 10. November 20_4, die noch nicht bezogenen Ferien bar auszuzahlen. Wie ist die Rechtslage?

e) Kreuzen Sie die richtigen Antworten an.

- ❏ Wenn der Arbeitgeber von Bruno Zwick einem Arbeitgeberverband angehört, der mit dem Schweizerischen Kaufmännischen Verband einen Gesamtarbeitsvertrag (GAV) abgeschlossen hat, gelten für Bruno Zwick für die nicht im Einzelarbeitsvertrag geregelten Vertragspunkte (zum Beispiel Ferienanspruch, wöchentliche Arbeitszeit, Lohnfortzahlung bei Krankheit) die Bestimmungen des GAV.
- ❏ Das OR enthält zahlreiche Bestimmungen, die auch durch GAV nicht zu*un*gunsten des Arbeitnehmers abgeändert werden dürfen.
- ❏ Gemäss OR hat Bruno Zwick in seinem ersten Dienstjahr als kaufmännischer Angestellter bei Unfall oder Krankheit seinen Lohn während mindestens einem Monat zugut.
- ❏ OR 322d Abs. 1 ist zwingendes Recht.

78. Welche finanziellen Forderungen kann der Arbeitgeber stellen, wenn der Arbeitnehmer die Stelle nicht antritt oder ohne wichtigen Grund fristlos verlässt?

D. Mietvertrag

79. Hampi Derksen mietet in den Ferien ein BMW-Motorrad.

a) Nach 20 km Fahrt hat der BMW einen Motorschaden. Der Mieter lässt das Motorrad von einer Werkstätte abschleppen und reparieren.
Wer muss für das Abschleppen und die Reparaturkosten grundsätzlich aufkommen?

b) Der Vermieter macht für den Fall a) geltend, er hätte die Reparatur selber zum halben Preis durchführen können und sei deshalb nur bereit, 50% der Kosten zu tragen.
Worauf beruft er sich?

c) Wie wäre der Fall a) zu beurteilen, wenn der Motorschaden beim Motocross-Fahren über Alpweiden entstanden wäre?

d) Auf der Schlussrechnung belastet der Vermieter noch folgende Kosten:
   – Reinigung Fr. 40.–
   – Motorfahrzeugsteuer Fr. 20.–

   Muss der Mieter diese Kosten übernehmen?

80. Welche obligationenrechtlichen Kündigungsfristen gelten für Mietverträge, die auf unbestimmte Dauer abgeschlossen wurden? Vervollständigen Sie das folgende Schema, indem Sie die Kündigungsfristen im OR nachschlagen.

81. Ein Ehepaar mietet am 10. Februar 20_1 eine Wohnung. Am 20. August 20_2 erhält der Ehemann die Kündigung mit dem amtlichen Formular.

   a) Auf welchen Termin kann die Wohnung frühestens gekündigt werden, wenn

   – der 31. März und der 30. September ortsübliche Termine sind?

   – kein Ortsgebrauch besteht?

   b) Warum ist diese Kündigung nichtig?

82. Eine der wichtigsten Pflichten des Mieters ist die Zahlung des Mietzinses.

   a) Nennen Sie die drei Tatbestände des ersten Satzes von OR 257d Abs. 1 zum Zahlungsrückstand des Mieters.

   b) Ein langjähriger Wohnungsmieter ist mit den fälligen Mietzinszahlungen im Rückstand. Darauf übergibt ihm der Vermieter am 10. August einen Brief, worin er seine rechtlichen Möglichkeiten festhält. Formulieren Sie die Kernaussage dieses Briefes.

   c) Auf welchen Termin kann der Vermieter frühestens kündigen, wenn die Zahlung des Mieters bis zum Ablauf der bei Aufgabe b) gesetzten Frist ausbleibt?

   d) Da die Kündigung gemäss Aufgabe c) für den Mieter eine Härte zur Folge hat, verlangt er eine Erstreckung des Mietverhältnisses. Welche Gesetzesvorschrift würden Sie ihm als Vermieter entgegenhalten?

83. Franziska Lang ist Mieterin einer 4-Zimmer-Wohnung. Nun zieht ihr Freund zu ihr, damit sie die Kosten teilen können. Der Vermieter verlangt Auskunft darüber, welchen Anteil an die Monatsmiete ihr Freund bezahle, ansonsten er den Zuzug des Freundes verbiete. Wie ist die Rechtslage?

3. Handelsregister, Firma und Unternehmungsformen

1. Das Handelsregister ist öffentlich. Welche wichtigen Auskünfte über eine Unternehmung finden Sie darin?

   _____
   _____
   _____

2. Welche Vor- und Nachteile bringt der Handelsregister-Eintrag für eine Unternehmung?

   Vorteile: • _____   Nachteile: • _____
               • _____   • _____
               • _____

3. Welche Unternehmungen sind verpflichtet, sich im Handelsregister eintragen zu lassen? (Richtige Antworten ankreuzen)

   a) ❑ Bäckerei Kummer & Matter
   b) ❑ Radio Iseli AG (Jahresumsatz Fr. 80 000.–)
   c) ❑ Verein Sunne-Egge, Hilfswerk für Aids-Kranke
   d) ❑ Urs Amberg, Velohändler (Jahresumsatz Fr. 300 000.–)
   e) ❑ Dr. med. Jürg Wälti, praktizierender Arzt
   f) ❑ Allgemeine Baugenossenschaft Aarau

4. Wo erfolgen die täglichen Handelsregister-Veröffentlichungen?

   _____
   _____

5. Was ist ein Ragionenbuch?

   _____
   _____

6. Welche der nachstehenden Vollmachten (Unterschriftsberechtigungen) sind im Handelsregister einzutragen?

Vollmachten	Eintragungspflicht	
	Ja	Nein
a) Spezialvollmacht einer Verkäuferin, Kassaquittungen zu unterschreiben	❑	❑
b) Handlungsbevollmächtigung (i.V.)	❑	❑
c) Prokura (ppa.)	❑	❑
d) Vollmacht eines Geschäftsführers, Direktors oder Verwalters	❑	❑

7. Wie kann die Prokura eingeschränkt werden?

```
                    Einschränkungen
                   /              \
              nach aussen      nach innen
```

8. Beurteilen Sie aufgrund von OR 459, 462, 718 und ZGB 641, zu welchen Geschäftshandlungen die Inhaber folgender Vollmachten berechtigt sind (antworten Sie mit Ja oder Nein).

	i.V.	ppa.	Direktor/VR*	Inhaber/GV**
a) Alltagsgeschäfte				
b) Wechsel- und Darlehensgeschäfte				
c) Prozessführung				
d) Grundstückkauf				
e) Verkauf und Verpfändung von Grundstücken				
f) Auflösung der Unternehmung				

* Verwaltungsrat ** Generalversammlung

9. Was versteht man rechtlich unter dem Begriff «Firma»?

10. F. Rinderknecht übernimmt die Metzgerei Kalbermatter in Männedorf. Da dieses Geschäft einen guten Ruf hat, möchte der neue Inhaber die Firma «Metzgerei Kalbermatter» beibehalten.

    Unter welchen zwei Voraussetzungen ist dies möglich (im OR nachschlagen)?

11. Beurteilen Sie in folgenden Fällen die Rechtslage.

    a) Die bereits im Handelsregister eingetragenen Unternehmungen reichen beim Gericht Klage ein wegen Verletzung des Firmenrechts.

    Paul Meier   Paul Meier
    Elektronik und Computer   gegen   Elektronik und Computer
    6000 Luzern   8000 Zürich
    (eingetragen 1970)   (neue Unternehmung)

Cerberus AG
8708 Männedorf   gegen   Cerberus AG
(eingetragen 1946)   4000 Basel
                                           (neue Unternehmung)

b) **Ve**rena **Nus**sberger will einen Taxibetrieb als Einzelunternehmung unter der Firma «Venus-Taxi» gründen.

c) Ein Coiffeur in Rolle möchte seinen Salon unter der Firma «Institut suisse pour la chevelure de l'homme» führen.

12. Welche Gesichtspunkte sind für die Wahl einer bestimmten Rechtsform einer Unternehmung von Bedeutung?

    - _____   - _____
    - _____   - _____
    - _____   - _____
    - _____   - _____

13. Bei der Behandlung der Unternehmungsformen verwendet das OR den Begriff «Handelsgesellschaften».

    Schlagen Sie im OR nach, welche Rechtsformen unter diesem Begriff zusammengefasst werden.

14. Vervollständigen Sie die folgende Tabelle:

```
                        Unternehmungsformen
                       /                    \
            Einzelunternehmung          Gesellschaften
                                        /            \
                              Handelsgesellschaften   _____
                              /              \
                  Personengesellschaften   Kapitalgesellschaften
                    |                         |
                    └ Kommanditgesellschaft   └ Kommanditaktiengesellschaft
```

15. Geben Sie Auskunft über die unten genannten Unternehmungsmerkmale in den vier aufgeführten Rechtsformen. Füllen Sie dazu die Tabelle aus.

Merkmale/Beispiele	Rechtsformen	
	Einzelunternehmung	Kollektivgesellschaft
Firmenbildung		
Firmenbeispiele		
Anzahl und Natur der Gründungsmitglieder		
Gründungskapital		
Geschäftsführung und Vertretung nach aussen		
Haftung		
Gewinnverteilung		
Eignung		

Aktiengesellschaft	Genossenschaft

16. Bei welchen der in Frage 15 besprochenen Unternehmungsformen handelt es sich um juristische Personen?

17. Die drei Kollektivgesellschafter X, Y und Z haben unterschiedlich grosse Kapitaleinlagen im Verhältnis 1:2:3 geleistet.

    Beurteilen Sie mit Hilfe des OR,

    a) wie ein Reingewinn von Fr. 240 000.– zu verteilen ist, wenn der Gesellschaftsvertrag sich über die Gewinnverteilung ausschweigt.

    X = Fr. _____ Y = Fr. _____ Z = Fr. _____ OR-Artikel _____

    b) wie ein Verlust von Fr. 72 000.– zu verteilen ist, wenn im Gesellschaftsvertrag festgehalten wird, dass der Gewinn im Verhältnis zu den Kapitaleinlagen verteilt werden soll.

    X = Fr. _____ Y = Fr. _____ Z = Fr. _____ OR-Artikel _____

    c) wie hoch der Zins auf der Kapitaleinlage (Eigenzins) ist, wenn das Gesellschaftskapital Fr. 1 200 000.– beträgt und der Gesellschaftsvertrag keine einschlägige Bestimmung enthält.

    X = Fr. _____ Y = Fr. _____ Z = Fr. _____ OR-Artikel _____

18. Welche Aufgaben obliegen den Organen der Aktiengesellschaft?

Generalversammlung	Verwaltungsrat	Revisionsstelle

19. Wer darf gemäss OR in den Verwaltungsrat, wer in die Revisionsstelle der Aktiengesellschaft gewählt werden? Kreuzen Sie in der folgenden Tabelle die richtigen Antworten an.

	Verwaltungsrat OR 707 ff.	Revisionsstelle OR 727 ff.
a) Angestellter (Nichtaktionär)		
b) Aktionär (Nichtangestellter)		
c) Angestellter (Aktionär)		
d) Nichtangestellter (Nichtaktionär)		

20. Warum müssen bei der Aktiengesellschaft Reserven gebildet werden?

21. Zeichnen Sie mit Hilfe folgender Grössen und des OR eine Unterbilanz bzw. eine Überschuldung.

    - Vermögen
    - Fremdkapital
    - Eigenkapital
    - Verlust

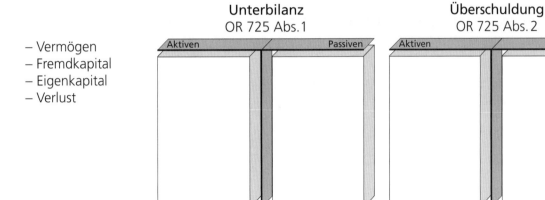

22. Bei einer Zwischenbilanz werden für eine Aktiengesellschaft folgende Werte (Kurzzahlen) ermittelt: Schulden 500, Vermögen 400, Aktienkapital 600.

    a) Wie gross ist der Verlustvortrag?

    b) Welche Pflicht hat der Verwaltungsrat gemäss OR 725?

23. Die Bilanz einer Aktiengesellschaft zeigt folgendes Bild (in Fr. 1000.–):

    Bilanz

Aktiven		Passiven	
Flüssige Mittel	10	Kreditoren	60
Debitoren	30	Hypotheken	80
Vorräte	110	Aktienkapital	100
Anlagevermögen	200	Reserven	110
	350		350

    a) Wie gross ist der Eigenfinanzierungsgrad (Eigenkapital in % des Gesamtkapitals)?

    b) Welches ist das Hauptproblem dieser Unternehmung aus finanzieller Sicht?

c) Kreuzen Sie an, welche der folgenden Massnahmen zu einer Erhöhung des Fremdfinanzierungsgrades (Fremdkapital in % des Gesamtkapitals) führen.

☐ Erhöhung der Lieferantenkredite
☐ Amortisation von Hypotheken
☐ Ausgabe von PS
☐ Aufnahme eines Darlehens
☐ Erhöhung der Reserven durch Gewinnrückbehaltung (Selbstfinanzierung)
☐ Ausgabe einer Obligationenanleihe

d) Wie gross ist der Nominalwert einer Aktie, wenn 100 Aktien ausgegeben wurden?

Fr. _____

e) Frau S. Benoit besitzt 10 Aktien. Wieviel Franken erhielt sie im Vorjahr ausbezahlt, wenn die Dividende 20% betrug? (Lösungsweg angeben)

24. Ein Arzt, ein Sozialarbeiter, eine Lehrerin und eine kaufmännische Angestellte wollen unter dem Namen «Meilenstein» ein nicht gewinnstrebiges Rehabilitationszentrum für Drogenabhängige in der Rechtsform des Vereins gründen. Sie stellen sich unter anderem folgende Fragen:

a) Ist es möglich, einen Verein mit dieser Zweckbestimmung zu gründen?

b) Muss sich dieser Verein ins Handelsregister eintragen lassen?

c) In welchem Zeitpunkt erlangt der Verein eine eigene Rechtspersönlichkeit (juristische Person)?

d) Wie können die Vereinsmitglieder verhindern, dass sie für die Vereinsschulden persönlich haften?

25. Was versteht der Gesetzgeber unter einer Stiftung?

4. Wertpapiere

1.

	Aktien	Partizipations-scheine	Anleihens-obligationen
Bei welchen Unternehmungsformen kommen diese Urkunden vor?			
Kreuzen Sie jene Urkunden an, die Mitgliedschaftsrechte verbriefen.	☐	☐	☐
Wie ist das Stimmrecht geregelt?			
Bei welchen Urkunden besteht ein Gläubiger-Schuldner-Verhältnis, und bei welchen ist der Berechtigte Teilhaber an einer Unternehmung?			
Welche Kapitalien werden in der Bilanz der die Papiere ausgebenden Unternehmung als Eigenkapital beziehungsweise als Fremdkapital ausgewiesen?			
Kreuzen Sie jene Papiere an, bei denen normalerweise eine Rückzahlung erfolgt.	☐	☐	☐
Kreuzen Sie jene Papiere an, bei denen der Berechtigte im Konkurs der Unternehmung als Gläubiger auftritt.	☐	☐	☐
Wie heissen die Barerträge aus diesen Papieren?			
Kreuzen Sie jene Urkunden an, die zusätzlich zu Mantel und Couponsbogen noch einen Talon aufweisen.	☐	☐	☐
Kreuzen Sie jene Urkunde an, bei welcher der Berechtigte durch die Inflation am stärksten geschädigt wird.	☐	☐	☐

2. Die Rechte aus Inhaberpapieren werden durch blosse Übergabe des Wertpapieres übertragen. Bei den Orderpapieren braucht es zusätzlich ein Indossament. Wie werden die folgenden Papiere am häufigsten übertragen? Kreuzen Sie die richtige Antwort an.

	durch blosse Übergabe der Urkunde	durch Indossament
Anleihensobligationen	☐	☐
Namenaktien	☐	☐
Inhaberaktien	☐	☐
Checks	☐	☐

3. Wann werden Namenaktien vinkuliert?

4. Welches sind die wichtigsten Merkmale von Anleihens- und Kassenobligationen?

	Anleihensobligationen	Kassenobligationen
Wer ist Schuldner?		
Kreuzen Sie an, welche Obligationen fortlaufend stückweise ausgegeben werden.	☐	☐
Wie lange ist normalerweise die Laufzeit?		
Kreuzen Sie jene Papiere an, die an der Effektenbörse kotiert werden können.	☐	☐
Wie hoch sind die aktuellen Zinsfüsse?		

5. Sie lösen am Bankschalter den Zinscoupon einer zu 5% verzinslichen Obligation der Schweizerischen Eidgenossenschaft mit einem Nominalwert von Fr. 1000.– ein. Wie viel erhalten Sie ausbezahlt?

6. Ordnen Sie folgende Begriffe der richtigen Beschreibung zu:

- Agio
- Kotierung
- Prozentkurs
- Kassageschäft
- Emission
- al pari
- Call-Option
- Put-Option
- Disagio
- Termingeschäft
- unter pari
- Kraftloserklärung
- über pari
- Stückkurs
- zu pari

_____	zum Nominalwert (Nennwert) = 100% des aufgedruckten Betrages
_____	über dem Nominalwert
_____	unter dem Nominalwert
_____	Neuausgabe von Wertpapieren
_____	Aufgeld (der Ausgabepreis ist höher als der Nominalwert)
_____	Einschlag (der Ausgabepreis ist tiefer als der Nominalwert)
_____	Zulassung eines Wertpapiers zum Börsenhandel und seine Aufnahme ins amtliche Kursblatt
_____	Amortisation (gesetzlich vorgeschriebenes Verfahren beim Verlust von Wertpapieren)
_____	Börsenpreis von Aktien, ausgedrückt in Franken je Stück
_____	Börsenpreis von Obligationen, ausgedrückt in Prozenten des Nominalwertes
_____	Komptantgeschäft. Die gehandelten Wertpapiere müssen sofort nach Geschäftsabschluss geliefert und bezahlt werden.
_____	Börsengeschäft, bei dem Abschluss- und Erfüllungsdatum auseinander fallen.
_____	Recht, bis zu einem festgelegten Termin einen bestimmten Basiswert (zum Beispiel fünf Nestlé-Aktien) zu einem fixierten Preis zu *beziehen*.
_____	Recht, bis zu einem festgelegten Termin einen bestimmten Basiswert (zum Beispiel fünf Nestlé-Aktien) zu einem fixierten Preis zu *liefern*.

7. Aktien und Obligationen

   a) Der Kurs einer 5%-Anleihensobligation einer bekannten Schweizer Industrieunternehmung wird im Börsenkursblatt mit 104 angegeben. Welche Aussagen sind richtig (ankreuzen)?

      ❏ Diese Anleihensobligation wird zu 104% des Nominalwertes gehandelt.
      ❏ Wenn das allgemeine Zinsniveau des Kapitalmarktes in Zukunft steigt, wird der Kurs dieser Obligation sinken.
      ❏ Wenn die Bonität dieser Industrieunternehmung sinkt, so sinkt auch der Börsenkurs dieser Obligation.
      ❏ Der aktuelle Kapitalmarktzinsfuss für vergleichbare Schuldner liegt zurzeit unter 5%.
      ❏ Je näher der Verfall einer solchen Anleihe rückt, desto mehr gleicht sich normalerweise der Börsenkurs dem Nominalwert an.

   b) Der Aktienkurs der Chemie-AG beträgt heute 120. Welche der Aussagen sind richtig (ankreuzen)?

      ❏ Der Aktienkurs beträgt 120% des Nominalwertes.
      ❏ Die Veröffentlichung eines über Erwarten positiven Geschäftsberichts der Chemie-AG bewirkt eine Zunahme der Nachfrage nach diesen Aktien, sodass der Aktienkurs fällt.
      ❏ Eine Dividendenkürzung bei der Chemie-AG würde die Kursentwicklung dieser Aktien fördern.
      ❏ Gegen Ende der Laufzeit dieser Aktien nähert sich der Aktienkurs dem Nominalwert.
      ❏ Aktien sind grundsätzlich grösseren Kursschwankungen ausgesetzt als Obligationen.

   c) Wie heisst ein Kredit gegen Hinterlage von Aktien oder Obligationen?

   d) Zur Sicherung eines Kredites stehen Obligationen und Aktien einer Gesellschaft zur Verfügung. Welche Wertpapiere werden höher belehnt? Begründung?

8. Lesen Sie den folgenden Text. Er weist einige sachliche Fehler auf. Suchen Sie vier Fehler heraus, streichen Sie diese an, und schreiben Sie rechts daneben den richtigen Ausdruck.

   «Die beste Kapitalanlage für einige tausend Franken bei angemessener Verzinsung ist das Kontokorrentkonto. Das Wertpapiersparen eignet sich im Normalfall erst bei grösseren Beträgen. Für mittelfristige Anlagen eignen sich die Kassenobligationen; sie weisen eine feste Verzinsung auf und können jederzeit an der Börse verkauft werden. Bei Anleihensobligationen legt man das Geld längerfristig an; dafür erhält man eine höhere Dividende. Will man als Geldgeber sogar ein Mitspracherecht haben, muss man Partizipationsscheine erwerben, deren Kurse in % des Nennwertes angegeben werden.»

5. Schuldbetreibung und Konkurs

1. Was ist eine Betreibung?

   _____

2. Kreuzen Sie an, welche der folgenden Forderungen durch Betreibung geltend gemacht werden können.
   a) ❏ Ein Arbeitnehmer verlangt die Auszahlung des seit zwei Monaten fälligen Lohnes.
   b) ❏ Ein Hauseigentümer verlangt von der Bauunternehmung die Zahlung der vereinbarten Konventionalstrafe wegen Überschreitung des vertraglich abgemachten Bautermins.
   c) ❏ Ein Velofahrer verlangt vom Dieb die Herausgabe des gestohlenen Mountainbikes.
   d) ❏ Ein Mieter fordert die Rückzahlung des als Kaution bei Mietbeginn hinterlegten Monatszinses.
   e) ❏ Ein Kunde verlangt die Rückzahlung eines irrtümlich doppelt bezahlten Rechnungsbetrages.
   f) ❏ Nach Auflösung der Verlobung verlangt er von ihr das geschenkte Diamantcollier zurück.

3. Welches sind die verschiedenen Betreibungsarten? (Vervollständigen Sie das Schema.)

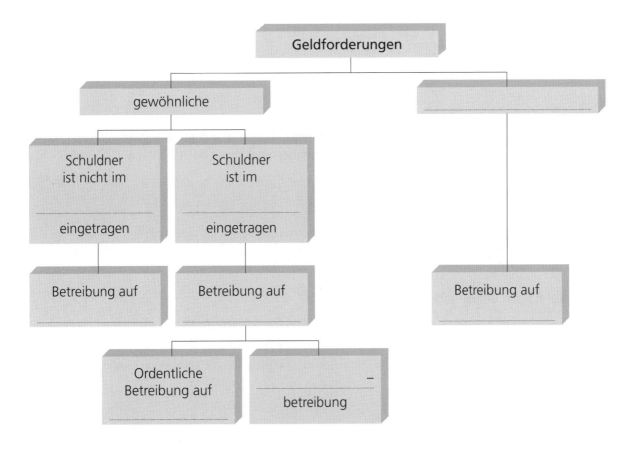

4. Während der Betreibungsferien und bei Rechtsstillstand dürfen grundsätzlich keine Betreibungshandlungen durchgeführt werden. Wann sind Betreibungsferien, wann geniesst der Schuldner Rechtsstillstand?

Betreibungsferien

Rechtsstillstand

5. Wo leiten Sie die Betreibung ein?
   a) bei gewöhnlichen Geldforderungen gegen eine natürliche Person?

   b) bei gewöhnlichen Geldforderungen gegen eine Aktiengesellschaft?

   c) bei faustpfandgesicherten Forderungen?

   d) bei grundpfandgesicherten Forderungen?

6. Wo muss Fritz Müller, verheiratet, wohnhaft in Meilen, Prokurist bei der X-AG in Zollikon, von Hans Meier, verheiratet, wohnhaft in Wädenswil, Inhaber einer Drogerie in Richterswil, für eine nicht pfandgesicherte Forderung betrieben werden?
   ❏ Meilen
   ❏ Zollikon
   ❏ Richterswil
   ❏ Wädenswil

7. Wer hat die Betreibungskosten aufzubringen?

8. Grundsätzlich gilt für alle Betreibungsarten das gleiche Einleitungsverfahren. Ergänzen Sie das Schema.

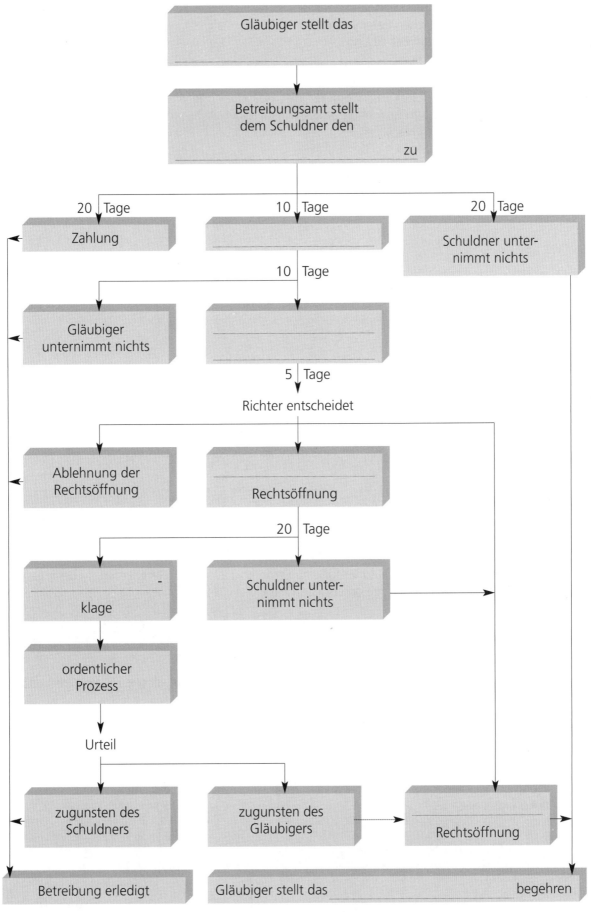

9. Was bedeutet Rechtsvorschlag?

   ☐ Anfechtung der Rechtsöffnung
   ☐ Betreibung kann ihren Fortgang nehmen
   ☐ Vorschlag zur gütlichen Bereinigung der Angelegenheit
   ☐ Einspruch gegen die Betreibung

10. Der Rechtsvorschlag kann ausser bei der Wechselbetreibung ohne Angabe von Gründen erhoben werden (z. B. um Zeit zu gewinnen oder den Gläubiger zu ärgern). Nennen Sie Beispiele eines begründeten Rechtsvorschlags.

11. In welcher Form kann der Rechtsvorschlag erhoben werden?

12. Wie kann der Gläubiger gegen einen Rechtsvorschlag des Schuldners vorgehen?

    a) Wenn der Gläubiger vom Schuldner eine mündliche Schuldanerkennung hat?

    b) Wenn der Gläubiger den Schuldner für eine Forderung aus einer Warenlieferung belangen will und der Schuldner eine Mängelrüge geschrieben hat?

    c) Wenn der Gläubiger vom Schuldner einen Brief besitzt, mit dem dieser um eine Fristverlängerung für die Zahlung ersucht hat?

    d) Wenn der Gläubiger den Schuldner wegen einer Forderung gerichtlich belangt hat und dabei Recht bekommen hat?

13. Vervollständigen Sie das vereinfachte Ablaufschema für die Betreibung auf Pfändung nach dem Einleitungsverfahren (siehe Frage 8):

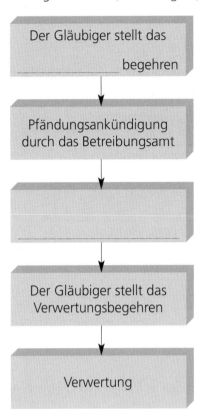

14. Was ist beim Verfahren der Betreibung auf Pfandverwertung grundsätzlich anders als bei der Betreibung auf Pfändung?

15. Was versteht man unter einem Kompetenzstück?

16. Nennen Sie einige Kompetenzstücke.

17. Welcher Teil des Einkommens ist unpfändbar?

18. Wem gehört ein Verwertungsüberschuss (Pfanderlös ist grösser als die Schulden)?

   _____

19. Welche Aussagen gehören zur Einzelvollstreckung (Einzelexekution) bzw. zur Gesamtvollstreckung (Generalexekution)? Markieren Sie dazu die Texte mit E oder G.

   a) Es wird nur so viel Vermögen beschlagnahmt, wie zur Deckung der angemeldeten Forderungen notwendig ist.

   b) Das ganze Vermögen des Schuldners (ausser den Kompetenzstücken) wird beschlagnahmt und haftet gleichzeitig allen Gläubigern.

   c) Alle Gläubiger werden durch das Konkursamt aufgefordert, ihre Forderungen anzumelden.

   d) Nur die Gläubiger, welche die Pfändung verlangen, werden berücksichtigt.

   e) Nur fällige Forderungen werden berücksichtigt.

   f) Der Konkurs macht grundsätzlich alle Forderungen fällig.

20. Bringen Sie die folgenden 13 alphabetisch geordneten Ausdrücke in eine zeitlich richtige Abfolge (von 1 bis 13 nummerieren).

   ___ Betreibungsbegehren

   ___ Fälligkeit (einer Geldforderung)

   ___ Fortsetzungsbegehren

   ___ Mahnung des Schuldners durch den Gläubiger

   ___ Pfändung

   ___ Pfändungsankündigung

   ___ Rechtsöffnungsverfahren

   ___ Rechtsvorschlag

   ___ Verwertungsbegehren

   ___ Verlustschein

   ___ Versteigerung

   ___ Zahlungsbefehl

   ___ Zahlungsverzug des Schuldners

21. Gegen die konkursite Schreinerei G. Bachmann werden folgende Forderungen geltend gemacht und von der Konkursverwaltung anerkannt:

    - Offene Rechnungen für Holzlieferungen — Fr. 130 000.–
    - Ausstehende Löhne der Angestellten für die letzten drei Monate — Fr. 84 000.–
    - Alimentenforderungen der geschiedenen Ehefrau für die letzten zwei Monate — Fr. 8 000.–
    - Noch nicht bezahlte Staats- und Gemeindesteuern — Fr. 20 000.–
    - Ungedecktes Guthaben der Bank AG — Fr. 77 000.–
    - Grundpfandgesichertes Guthaben der Bank AG — Fr. 850 000.–
      (Die Pfandverwertung erbrachte nach Abzug der Pfandverwertungskosten einen Erlös von Fr. 950 000.–)
    - Ausstehende AHV-Beiträge — Fr. 10 000.–
    - Ausstehende Beiträge an die Pensionskasse — Fr. 12 000.–
    - Kosten des Konkursverfahrens (ohne Pfandverwertung) — Fr. 9 000.–
    - Honorar des Rechtsanwalts für die Prozessführung — Fr. 3 000.–

    Die Konkursmasse erbrachte (nebst der Pfandverwertung) einen Liquidationserlös von Fr. 109 000.–.

    a) Erstellen Sie einen übersichtlichen Kollokationsplan.

    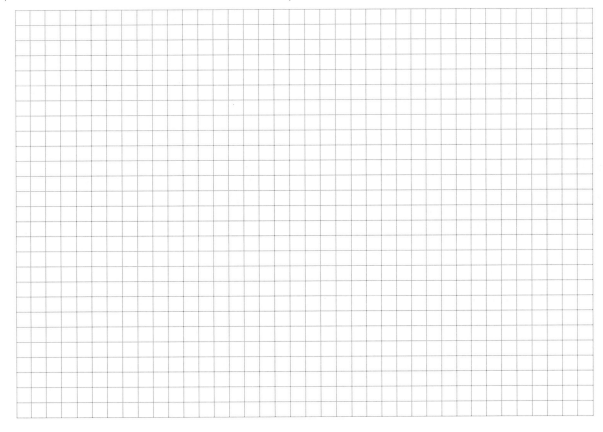

    b) Wie hoch ist die Konkursdividende für die Kurrentgläubiger?

c) Kreuzen Sie die richtigen Antworten an:

☐ Nach Abschluss des Konkursverfahrens wird die Schreinerei G. Bachmann im Handelsregister gelöscht.
☐ Für den ungedeckten Teil ihrer Forderungen erhalten die Kurrentgläubiger der Schreinerei G. Bachmann Verlust-Ausweise.
☐ Konkursverlustscheine sind gegenüber dem Schuldner unverzinslich.
☐ Verlustscheine verjähren nach 10 Jahren.
☐ Mit einem Konkurs-Verlustschein ist es schwieriger, den Schuldner wieder zu belangen als mit einem Pfändungsverlustschein.
☐ Im Konkurs einer Bank sind Spareinlagen und Guthaben auf Salärkonten bis Fr. 10 000.– in der 2. Kollokations-Klasse privilegiert.

22. Beantworten Sie die Fragen zur Insolvenzerklärung:

a) Was ist eine Insolvenzerklärung?

b) Welchen Vorteil erhofft sich der Schuldner?

c) Kann der Richter eine Konkurseröffnung verweigern, wenn ihm die Insolvenzerklärung als rechtsmissbräuchlich erscheint (zum Beispiel wenn ein jugendlicher Schuldner Ferienreisen mit Kleinkrediten finanziert und nach der Rückkehr eine Insolvenzerklärung abgeben will, um eine Lohnpfändung zu vereiteln)?

23. Georg Senn ist Teilhaber der Bäckerei Senn und Müller, Kloten, und wohnt in Opfikon. Vor einiger Zeit hat Senn für sich privat ein ferngesteuertes Modellflugzeug für Fr. 2000.– gekauft und mit seiner privaten VISA-Kreditkarte bezahlt. Weil er die Rechnung der Kreditkartenorganisation nicht bezahlt, wird er betrieben.

a) Welcher Betreibungsart unterliegt Senn für diese Schuld?

b) Bei welchem Betreibungsamt muss die Gläubigerin das Betreibungsbegehren stellen?

c) Was muss Senn unternehmen, wenn ihm am 10. September 20_4 der Zahlungsbefehl zugestellt wird und er die Betreibung unterbrechen will?

d) Wo wäre die Betreibung einzuleiten, wenn Senn das Flugzeug im Namen und auf Rechnung der Bäckerei gekauft hätte?

e) Welches Betreibungsverfahren käme zur Anwendung, wenn die Bäckerei die Mehrwertsteuerschulden nicht bezahlte?

6. Zivilgesetzbuch

Beantworten Sie die Fragen möglichst mit Hilfe des ZGB. Nennen Sie bei Ihren Antworten jeweils die zutreffenden Artikel.

1. Wie geht man eine Verlobung ein?

2. Was geschieht mit den Geschenken, die Verlobte einander gemacht haben, bei der Auflösung eines Verlöbnisses?

3. Darf eine religiöse Eheschliessung vor der zivilen Trauung durchgeführt werden?

4. Ehefähigkeit setzt Ehemündigkeit und Urteilsfähigkeit voraus. Wann sind die Brautleute ehemündig?

5. Nennen Sie die zwei wichtigsten Ehehindernisse.

6. Der Eheschluss von Erika Märki und Urs Lang hat eine Reihe von Wirkungen.
    a) Wie heisst Erika nach der Eheschliessung?

    _____ oder

    _____

    b) Urs ist der Meinung, er könne den Wohnort bestimmen. Ist diese Ansicht richtig?

    c) Beide arbeiten. Wer muss für die Kosten des Haushaltes aufkommen?

7. Ehepaar Streit-Hahn lebt im Güterstand der Errungenschaftsbeteiligung.

   a) Kreuzen Sie an, was zum Eigengut und was zur Errungenschaft von Herrn bzw. Frau Streit-Hahn gehört.

	Betrag	Eigengut		Errungenschaft	
		Mann	Frau	Mann	Frau
In die Ehe eingebrachter Schmuck der Ehefrau	10 000.–		☐		
In die Ehe eingebrachte persönliche Effekten des Ehemannes	5 000.–	☐			
In die Ehe eingebrachte Bankguthaben und Wertschriften: Ehemann Ehefrau	28 000.– 20 000.–	☐	☐		
Aus Frauenverdienst gebildete Ersparnisse	12 000.–				☐
Erbschaft einer Liegenschaft durch den Mann	800 000.–	☐			
Aus Mannesverdienst während der Ehe gekaufte Segelyacht	50 000.–			☐	
Schenkung an die Ehefrau in Form von Wertschriften	100 000.–		☐		

   b) Führen Sie die güterrechtliche Teilung bei einer Trennung oder beim Tod eines Ehepartners durch. Es gelten die Angaben von a).

	Ehemann	Ehefrau

   c) Wie sind bei der Errungenschaftsbeteiligung die Einkommens- und Vermögensverwaltung sowie die Nutzung geregelt?

8. Was versteht man unter einem Rückschlag, und wer hat bei der Errungenschaftsbeteiligung dafür aufzukommen?

9. Welchen Einfluss hat der Güterstand auf die Besteuerung eines Ehepaares?

10. Inwiefern wird eine im Konkubinat lebende Frau gegenüber einer verheirateten Frau finanziell benachteiligt?

    –
    –
    –

11. Das Kindsverhältnis und damit die Verwandtschaft zwischen dem Kind und den beiden Elternteilen kann auf verschiedene Weise entstehen. Vervollständigen Sie das Schema aufgrund von ZGB 252ff.

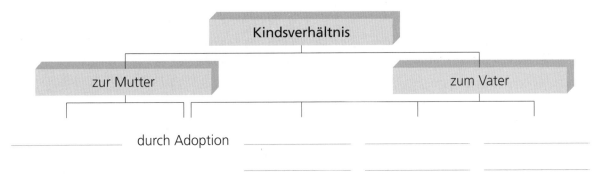

durch Adoption

12. Das Kindsverhältnis bringt eine Reihe von Wirkungen mit sich.
    a) Wessen Familiennamen und Bürgerrecht erhält
       – das eheliche Kind? _____
       – das aussereheliche Kind? _____
    b) Wie lange dauert die Unterhaltspflicht der Eltern für ihre Kinder?

13. Nennen Sie die gesetzlichen Erben.

    1. _____
    2. _____
    3. _____

14. Der verstorbene Ehemann lässt seine Ehefrau und zwei lebende Kinder zurück. Ein Sohn, der zwei Kinder hinterlässt, ist bereits verstorben. Von den Eltern lebt nur noch der Vater. Setzen Sie im folgenden Schema die erbrechtlichen Ansprüche als Bruchzahlen ein.

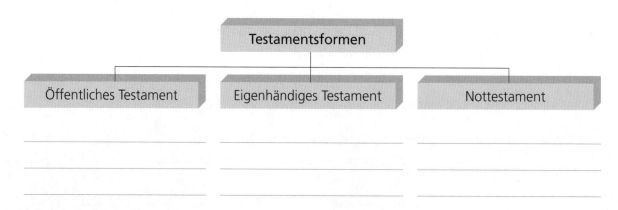

15. Wie viel erhalten die Kinder bzw. Grosskinder (obiges Beispiel), wenn diese testamentarisch auf den Pflichtteil gesetzt wurden? Der Nachlass beträgt Fr. 240 000.–.

16. Welche Vorschriften müssen für die Gültigkeit der folgenden Testamentsformen eingehalten werden?

```
                    Testamentsformen
         ┌──────────────────┼──────────────────┐
Öffentliches Testament  Eigenhändiges Testament  Nottestament
```

17. Worin besteht der Unterschied zwischen letztwilliger Verfügung und Erbvertrag?

18. Welche Aussagen über das Testament sind richtig (ankreuzen)?
    a) ❏ Ein eigenhändiges Testament kann jede handlungsfähige Person abfassen.
    b) ❏ Es ist ein Vertrag zwischen dem Erblasser und den beteiligten Erben.
    c) ❏ Damit ein Testament gültig ist, muss es einer Amtsstelle zur Aufbewahrung übergeben werden.
    d) ❏ Mit einem Testament kann man die gesetzlichen Erben gänzlich von der Erbschaft ausschliessen.
    e) ❏ Das Testament kann jederzeit widerrufen oder abgeändert werden.
    f) ❏ Wenn ein Ehegatte ein Testament erstellt, braucht es zur Gültigkeit die schriftliche Zustimmung des anderen Ehegatten.

19. Das Ehepaar Hunziker-Scheerer lebt im Güterstand der Errungenschaftsbeteiligung unter folgenden finanziellen Verhältnissen:

Eigengut Ehefrau	Fr. 30 000.–
Eigengut Ehemann	Fr. 20 000.–
Errungenschaft Ehefrau	Fr. 60 000.–
Errungenschaft Ehemann	Fr. 120 000.–

    Frau Hunziker stirbt und hinterlässt ihren Ehemann sowie einen Adoptivsohn. Ihr Vater lebt seit dem Tode ihrer Mutter in einem Altersheim. Sie hat keine Geschwister.

    a) Wie gross ist die Erbmasse von Frau Hunziker in Franken (Berechnung übersichtlich darstellen)?

    b) Wie viele Franken erben folgende Personen, sofern kein Testament besteht?

	Prozentanteil	Franken
Ehemann von Frau Hunziker		
Adoptivsohn		
Vater von Frau Hunziker		

    c) Wie viele Franken werden frei verfügbar, wenn die gesetzlichen Erben im Testament auf den Pflichtteil gesetzt werden?

20. Familienverhältnisse beim Tode von Theo Brunner:

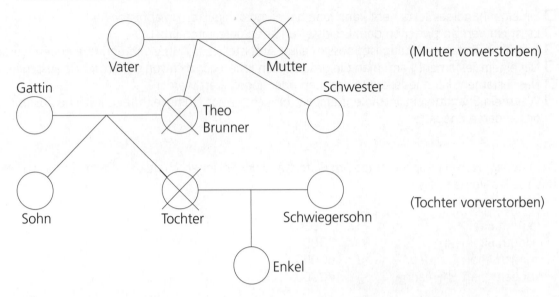

a) Welche Personen sind erbberechtigt, und welchen Anteil an der Erbmasse erhalten sie, falls kein Testament vorliegt?

_____

_____

b) Welche der folgenden Aussagen sind **richtig** bzw. **falsch**?

Richtig	Falsch	
☐	☐	Die Ehefrau von Theo erbt in jedem Fall.
☐	☐	Der Schwiegersohn erbt, falls die Tochter und der Enkel vorverstorben sind.
☐	☐	Der Vater und die Schwester erben, falls Theos Nachkommen alle bereits gestorben sind.
☐	☐	Der Sohn, der Vater und der Enkel sind pflichtteilsgeschützte Erben.
☐	☐	Beim Tode der Tochter (vor 2 Jahren) waren Theo und seine Ehefrau erbberechtigt.
☐	☐	Beim Tode der Mutter (vor 5 Jahren) waren Theo, seine Ehefrau, sein Vater und seine Schwester erbberechtigt.

21. Rita Keller hat sich mit ihrer Schwester zerstritten und möchte, dass sie nichts von ihr erben kann. Die Familienverhältnisse sehen zurzeit wie folgt aus:

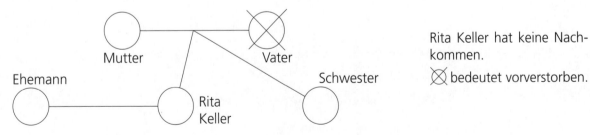

Rita Keller hat keine Nachkommen.

⊗ bedeutet vorverstorben.

a) Wie würde das Erbe von Rita Keller verteilt, wenn keine besonderen Regelungen bestehen?

_____

_____

b) Rita Keller verfügt in ihrem Testament, dass ihre Schwester nichts erben soll. Ist dies rechtlich zulässig? Begründung?

c) Angenommen, Rita Keller sei vor fünf Jahren gestorben und ihr Ehemann habe von ihr Fr. 50000.– geerbt. Was muss der überlebende Ehemann vorkehren, damit seine Schwägerin (Schwester von Rita Keller) bei seinem Tod nicht erbt? Begründung?

22. Welche Aussagen zum Familien- und Erbrecht sind richtig (ankreuzen)?
   a) ☐ Das Güterrecht regelt die Frage, wie viel der überlebende Ehegatte aus dem Nachlass des verstorbenen Ehepartners erbt.
   b) ☐ Gütertrennung ist der ordentliche (gesetzliche) Güterstand. Dieser tritt automatisch in Kraft, sofern die Ehepartner keine besonderen Vereinbarungen getroffen haben.
   c) ☐ Der gesetzliche Güterstand wird subsidiär angewandt bei Konkubinatspaaren, die mindestens fünf Jahre in einer gefestigten Beziehung miteinander zusammengelebt haben.
   d) ☐ Durch einen Ehevertrag kann die Teilung des Vorschlags abgeändert werden.
   e) ☐ Ein Ehevertrag ist nur gültig, wenn er schriftlich abgefasst und öffentlich beurkundet wurde.
   f) ☐ Erbvertrag und öffentliches Testament unterliegen derselben Formvorschrift.
   g) ☐ Der Erlasser kann mittels letztwilliger Verfügung Vermächtnisse (Legate) ausrichten, sofern dadurch weder Pflichtteile noch erbvertragliche Abmachungen verletzt werden.
   h) ☐ Ein Kind kann von seinen Eltern enterbt werden, sofern die Eltern Meinungsverschiedenheiten zwischen ihnen und ihrem Kind nachweisen können.
   i) ☐ Um zu entscheiden, ob ein Erbe angetreten oder ausgeschlagen werden soll, kann ein Erbe innert Monatsfrist ein öffentliches Inventar (Schuldenruf) verlangen.
   k) ☐ Das Testament ist ein einseitiges Rechtsgeschäft.
   l) ☐ Mit einem Nottestament kann die güterrechtliche Teilung innerhalb der Pflichtteilsregelung abgeändert werden.

23. Entscheiden Sie in folgenden Fällen, ob Sie Besitzer oder Eigentümer sind:

	Besitzer	Eigentümer
a) Sie mieten ein Mofa.		
b) Sie kaufen eine Zeitung.		
c) Ihr Freund hat ein Buch bei Ihnen liegen gelassen.		
d) Sie liefern eine gefundene Uhr auf dem Fundbüro ab.		
e) Sie verpfänden Wertschriften zur Sicherung eines Kredites.		

24. A. Müller kauft nichts ahnend von einem Kunsthändler ein gestohlenes Bild. Der Bestohlene erfährt dies und verlangt das Gemälde von A. Müller zurück.

    Muss A. Müller das Bild herausgeben?

25. B. Zwick überlässt einem Kollegen während der Ferienabwesenheit seinen Bernhardinerhund. Der Kollege ist in finanziellen Nöten und verkauft den Hund einem gutgläubigen Dritten für Fr. 300.–.

    Kann B. Zwick den Hund zurückverlangen?

7. Betrieb und Unternehmung

1. Zur Deckung der Bedürfnisse stellen die Unternehmungen Güter und Dienstleistungen nach dem ökonomischen Prinzip her.

   Was besagt dieses Prinzip? (Jede richtige Antwort ist anzukreuzen.)
   a) ☐ Der Aufwand muss immer kleiner als der Ertrag sein.
   b) ☐ Jede private Unternehmung steht in wirtschaftlicher Konkurrenz.
   c) ☐ Mit einem gegebenen Aufwand soll der grösstmögliche Ertrag erzielt werden.
   d) ☐ Langfristig kann eine Unternehmung nur überleben, wenn sie rentiert.
   e) ☐ Ein bestimmtes Ziel soll mit dem kleinstmöglichen Aufwand erreicht werden.

2. Werden die Unternehmungen nach der Produktionsstufe gegliedert, können drei Wirtschaftssektoren unterschieden werden. Vervollständigen Sie die nachstehende Tabelle.

Wirtschaftssektoren	Art der Betriebstätigkeit	Beispiele	%-Anteil an der Gesamtbeschäftigung
Primärer Sektor			
Sekundärer Sektor			
Tertiärer Sektor			

3. Zu welchem Wirtschaftssektor gehören folgende Betriebe? Ordnen Sie jedem Betrieb den passenden Buchstaben zu (P = Primär, S = Sekundär, T = Tertiär).

   ☐ Bauernhof ☐ Bergwerk ☐ Maschinenfabrik ☐ Bank

   ☐ Schokoladenfabrik ☐ Kakaopflanzung ☐ Versicherungsgesellschaft ☐ Hotel

   ☐ Kiosk ☐ Kino ☐ Schreinerei ☐ Kieswerk

   ☐ Handelsschule KV ☐ Fischer ☐ Rechtsanwaltsbüro ☐ Bootswerft

4. Unter der Trägerschaft einer Unternehmung versteht man die Eigentümer einer Unternehmung. Bestimmen Sie bei den Beispielen die Trägerschaft durch Ankreuzen.

	Private Unternehmungen	Öffentliche Unternehmungen	Gemischtwirtschaftliche Unternehmungen
a) Novartis AG	☐	☐	☐
b) Suva	☐	☐	☐
c) Mövenpick	☐	☐	☐
d) UBS	☐	☐	☐
e) Schweizerische Nationalbank	☐	☐	☐
f) SBB	☐	☐	☐
g) Swisscom	☐	☐	☐
h) Nestlé	☐	☐	☐
i) Die Post	☐	☐	☐
k) Migros	☐	☐	☐

5. Unternehmungen können nach der Grösse gegliedert werden. Welche häufigsten Massstäbe für die Betriebsgrösse kennen Sie?

_____

_____

6. Die Wahl des richtigen Unternehmungsstandortes kann über Erfolg oder Misserfolg einer Unternehmung bestimmen. Nennen Sie sechs wichtige Standortfaktoren.

- _____
- _____
- _____
- _____
- _____
- _____

7. Jede Unternehmung umfasst die drei Haupttätigkeitsbereiche Beschaffung, Bereitstellung und Absatz. Erklären Sie, was diese Bereiche beinhalten.

Beschaffung _____

_____

Bereitstellung _____

_____

Absatz _____

_____

8. Zur Produktion von Gütern und Dienstleistungen braucht es die Produktionsfaktoren Arbeit, Werkstoffe und Energie sowie Betriebsmittel.

   Umschreiben Sie die Produktionsfaktoren und ordnen Sie die folgenden Beispiele richtig zu.

   Beispiele:
   - Stahl
   - Kohle
   - Elektrische Energie
   - Holz
   - Computeranlagen
   - Liegenschaften
   - Werkzeuge
   - Fahrzeuge
   - Wasser
   - Mobiliar
   - Know-how
   - Maschinen

Produktionsfaktoren	Umschreibung	Beispiele
Arbeit		
Werkstoffe und Energie		
Betriebsmittel (Sach- und Fähigkeitskapital)		

9. Unternehmer werden in ihren Entscheidungen durch die Umwelt beeinflusst. Beschreiben Sie, was mit den vier Umweltsphären gemeint ist.

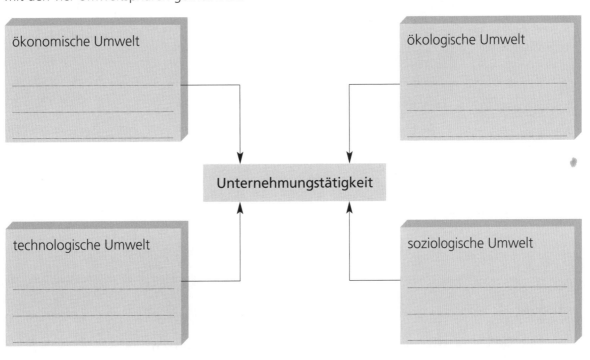

10. In welche Umweltsphäre gehören folgende Beispiele (Mehrfachnennungen möglich)?

	Ökonomische Sphäre	Technologische Sphäre	Soziale Sphäre	Ökologische Sphäre
a) Erstellung von Angestelltenwohnungen	☐	☐	☐	☐
b) Erfindung eines neuen Medikaments	☐	☐	☐	☐
c) Bau einer Kläranlage	☐	☐	☐	☐
d) Umstellung der Salärabrechnung auf EDV	☐	☐	☐	☐
e) Die Bergbauern werden subventioniert.	☐	☐	☐	☐
f) Werbekampagne für Produkt X	☐	☐	☐	☐
g) Reduktion der wöchentlichen Arbeitszeit ohne Lohneinbusse	☐	☐	☐	☐
h) Erfindung des Abgaskatalysators	☐	☐	☐	☐
i) Aufnahme eines Kredites	☐	☐	☐	☐
k) Übernahme der Zahnarztkosten durch den Betrieb	☐	☐	☐	☐

11. Welche Ansprüche werden von folgenden Interessengruppen an eine Unternehmung gestellt?

a) Aktionäre

b) Mitarbeiter

c) Kunden

d) Lieferanten

e) Konkurrenz

f) Staat

12. Beschreiben Sie die wichtigsten Zielkonflikte zwischen
    a) Arbeitnehmern und Aktionären.

    b) Kunden und Umwelt.

13. Mit der steigenden Besorgnis vieler Menschen über mangelnden Umweltschutz wird oft eine umfassende Verwirklichung des Verursachungsprinzips gefordert.
    a) Was versteht man unter diesem Prinzip?

    b) Nennen Sie je ein Beispiel aus dem unternehmerischen und dem privaten Bereich, bei welchem das Verursachungsprinzip gilt oder nicht spielt.

14. Ordnen Sie die folgenden Definitionen im unten stehenden Planungskonzept der richtigen Stufe zu (Grossbuchstaben hinschreiben).
    A Massnahmenpaket zur Erreichung der vorgegebenen Ziele
    B Beschreibung der Unternehmung und Grundsätze bezüglich Unternehmungsführung und Unternehmungstätigkeit
    C Langfristig zu erreichende Grössen wie Rentabilität, Liquidität, Finanzierungsverhältnis, prozentualer Marktanteil usw.
    D Rechtzeitige Bereitstellung der finanziellen, sachlichen und personellen Mittel

15. Im **Unternehmungskonzept** wird die Unternehmungspolitik für den leistungswirtschaftlichen, den finanziellen und den sozialen Bereich festgelegt. Die folgende Tabelle ist ein Beispiel für die Struktur eines solchen Konzeptes:

	Leistungswirtschaftliches Konzept	Finanzwirtschaftliches Konzept	Soziales Konzept
Ziele	**Marktziele** • Märkte • Marktstellung • Umsatzvolumen **Produkteziele** • Art und Qualität • Sortiment • Produktmengen	Gewinn- und Rentabilitätsziele Liquiditätsziele	Umwelts- und gesellschaftsbezogene Ziele Mitarbeiterbezogene Ziele
Mittel	personelle räumliche technische	Kapitalvolumen Kapitalaufbau	materiell und personell
Strategien/ Verfahren	Beschaffungsverfahren Produktionsverfahren Absatzverfahren	Finanzierungsverfahren Verfahren zur Planung und Kontrolle von • Gewinn • Liquidität	Umwelts- und gesellschaftsbezogene Verhaltensnormen Mitarbeiterbezogene Verhaltensnormen

Ordnen Sie die folgenden Aussagen aus dem Unternehmungskonzept eines Grossverteilers dem passenden Problembereich zu:

	Leistungswirtschaftl. Konzept	Finanzwirtschaftl. Konzept	Soziales Konzept
a) An die Qualität unserer Produkte und Dienstleistungen stellen wir hohe Anforderungen.			
b) Wir wollen Vorbild sein für die Förderung der Volksgesundheit.			
c) Die personalpolitischen Entscheidungen vermitteln dem Mitarbeiter Sicherheit und Vertrauen.			
d) Ein hoher Eigenfinanzierungsgrad soll Sicherheit und Unabhängigkeit gewährleisten.			
e) Wir unterstützen wirksame Massnahmen zur Verminderung der Umweltbelastung und zur Schonung der natürlichen Ressourcen.			
f) Wir streben eine angemessene Verzinsung des eingesetzten Eigenkapitals an.			
g) Als Warenverteiler wollen wir Marktleader bleiben.			
h) Cashflow und Selbstfinanzierung sollen ein gesundes Wachstum sichern.			
i) Wir sichern unseren Preis- und Leistungsvorsprung durch rationelle Beschaffungs-, Produktions- und Verteilmethoden.			
k) Wir verkaufen unsere Produkte nur in der Schweiz direkt und über Vertriebspartner.			

16. Zwei frisch diplomierte Handelslehrer wollen eine Privatschule gründen. Sie verfolgen verschiedene Strategien:

    – Handelslehrer A möchte vor allem hohe Gewinne erzielen.
    – Handelslehrer B möchte vor allem Schüler optimal auf höhere Prüfungen vorbereiten.

    Beschreiben Sie anhand der vorgegebenen Kriterien die **Strategien** der beiden Handelslehrer.

Kriterien	Strategie Handelslehrer A	Strategie Handelslehrer B
Abzudeckende Bedürfnisse	Aktuellen Geschmack und Kontaktbedürfnisse der möglichen Schüler abdecken	Lern- und arbeitswilligen Schülern bei der Prüfungsvorbereitung helfen
Anzustellende Lehrer		
Hausaufgaben		
Qualität des Unterrichts		
Klassengrösse		
Schulgeld		
Gewinn		
Haltung gegenüber Schülern		

17. Wie in anderen Unternehmungen werden auch bei der ALPINA Luftverkehrs-AG drei Bereiche unterschieden:

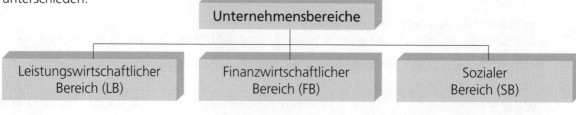

a) Welchen Bereichen sind folgende Aussagen aus dem Leitbild bzw. der Grundstrategie schwergewichtig zuzuordnen (passende Nummer oben einsetzen)?

1. Wir finanzieren unsere Investitionen langfristig zu 75% über den Umsatz (Cashflow).
2. Wir konzentrieren unsere Verkaufstätigkeit auf den inländischen Markt.
3. Wir streben bei Alpenrundflügen einen Marktanteil von 80% an.
4. Wir sind die Airline mit dem tiefsten Lohnkostenanteil (an den Gesamtkosten).
5. Wir setzen unsere Flüge ausschliesslich über Reisebüros ab.
6. Wir streben die Ausschüttung möglichst hoher Dividenden an unsere Aktionäre an.
7. Wir fliegen mit höchstens drei Jahre alten Flugzeugen, die den neuesten Umweltvorschriften entsprechen und ein Höchstmass an Flugsicherheit gewährleisten.
8. Wir sind die Airline mit den kürzesten Abfertigungszeiten in Kloten.
9. Wir streben eine hohe Selbstfinanzierung durch Gewinnrückbehalt an.
10. Wir ermöglichen unseren Mitarbeitern eine flexible Pensionierung ab dem 55. Altersjahr.

b) Begründen Sie, weshalb sich folgende Zielsetzungen aus Teilaufgabe a) widersprechen.

Widerspruch zwischen Zielen 4 und 10:

Widerspruch zwischen Zielen 6 und 9:

18. Welche der folgenden Aussagen beschreiben Produktziele bzw. Marktziele für ein Reisebüro?

Aussage	Produktziel	Marktziel
1. Wir wollen das führende Reisebüro in Seldwyla für Südamerika-Individualreisen sein.		
2. Wir bieten eine fachmännische, auf die Kundschaft zugeschnittene Beratung an.		
3. Wir informieren uns laufend über die günstigen Flugverbindungen.		
4. Wir wollen Marktleader für Graumarktbillette in der Region sein.		
5. Unsere Spezialität sind Individualreisen und Reisen in Kleingruppen.		
6. Beim Verkauf von Pauschalreisen grosser schweizerischer Reisebüros wollen wir in Seldwyla einen Marktanteil von 50% erreichen.		
7. Wir wenden uns vor allem an junge Kunden.		
8. Wir verzichten auf Vorauszahlungen bei der Buchung von Reisen.		
9. Der Umsatz soll in den nächsten fünf Jahren um 20% p.a. steigen.		

19. Behörden müssen sich im Zusammenhang mit einem Autobahn-Bauvorhaben entscheiden, welche der folgenden Varianten die beste ist:

    Variante 1   Die Autobahn ist zu bauen und oberirdisch zu führen.
    Variante 2   Die Autobahn ist zu bauen und unterirdisch in einem Tunnel zu führen.
    Variante 3   Auf die Ausführung des Bauvorhabens wird verzichtet.

    Da jedes Behördemitglied andere Interessen vertritt, ist jeder anderer Meinung. Sie versuchen deshalb, die beste Variante aufgrund einer **Entscheidungstabelle (Entscheidungsmatrix)** auszuwählen.

    Wie würden Sie entscheiden?

    In Bezug auf das erste Entscheidungsmerkmal (Kriterium) ist die Tabelle bereits ausgefüllt. Suchen Sie vier weitere Kriterien, und bewerten Sie die Varianten für jedes Kriterium wie folgt:

    ++   sehr vorteilhafte Lösung
    +   gute Lösung
    0   neutral, d.h. weder positiv noch negativ
    −   schlechtes Resultat
    −−   sehr ungünstiges Resultat

Kriterien*	Varianten		
	oberirdische Autobahn	unterirdische Autobahn	keine Autobahn
Baukosten	−	−−	++

* Verlangt werden in dieser Aufgabe nur vier weitere Kriterien. Da in Wirklichkeit unzählige Möglichkeiten bestehen, stehen Ihnen hier noch weitere Zeilen zur Verfügung.

20. Organisieren beinhaltet die planmässige und systematische Zuteilung von Aufgaben und Tätigkeiten an verschiedene Personen. Beschreiben Sie kurz Aufbau- und Ablauforganisation.

```
                    Organisation
              ┌──────────┴──────────┐
       Aufbauorganisation       Ablauforganisation
```

21. Was bedeuten die folgenden Begriffe aus der Organisationslehre?

    a) Organigramm

    b) Kontrollspanne

    c) Stabsstelle

    d) Linienstelle

    e) Weisungsbefugnis

    f) Hierarchie

    g) Dienstweg

22. Welche der folgenden Begriffe kann man aus einem Organigramm herauslesen (ankreuzen)?
    - ☐ Unternehmungsleitbild
    - ☐ Dienstweg
    - ☐ Rechtsform
    - ☐ Stabsstelle
    - ☐ Profit-Center-Prinzip
    - ☐ Unternehmungsstrategie
    - ☐ Sortimentstiefe
    - ☐ Kontrollspanne

23. Erstellen Sie mit Hilfe der folgenden Angaben ein Stab-Linien-Organigramm.
    - Einkauf
    - Verwaltungsrat
    - Direktionssekretariat
    - Produkt A
    - Verkauf Inland
    - Produktion
    - Generalversammlung der Aktionäre
    - Rechnungswesen
    - Absatz
    - Personalwesen
    - Produkt B
    - Export
    - Dienste
    - Direktion
    - Produkt C
    - EDV

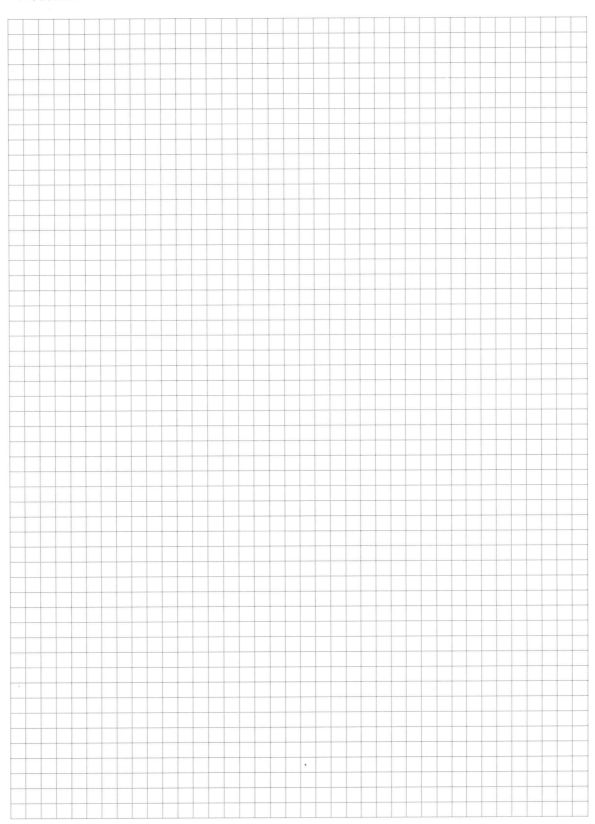

24. Die Mitwirkungsrechte der Arbeitnehmer reichen je nach Betrieb von der blossen Mitarbeiterinformation bis zur Selbstbestimmung. Erklären Sie kurz die einzelnen Mitwirkungsrechte.

   Information

   Mitsprache

   Mitbestimmung

   Selbstbestimmung

25. Was versteht man unter Vorschlagswesen?

26. Ordnen Sie die folgenden Begriffe den richtigen Beschreibungen zu:

    – Zeitlohn – Akkordlohn – Provision
    – Leistungslohn – Prämienlohn – Erfolgsbeteiligung

	Die individuelle Leistung des Arbeitnehmers wirkt sich direkt auf die Lohnhöhe aus.
	Neben dem Grundlohn wird noch ein bestimmter Prozentsatz auf dem erzielten Umsatz vergütet.
	Der Arbeitnehmer wird aufgrund seiner Präsenzzeit entlöhnt.
	Für jedes brauchbare produzierte Stück wird ein bestimmter Geldbetrag vergütet.
	Neben dem Grundlohn erhält der Mitarbeiter einen bestimmten Anteil am Gewinn.
	Überschreitet die Leistung die von der Unternehmung festgelegte Norm, wird dem Arbeitnehmer neben dem Grundlohn noch eine entsprechende Zulage ausbezahlt.

27. Worin liegt der Unterschied zwischen Prämien- und Akkordlohn?

28. Worin liegt der Unterschied zwischen Brutto- und Nettolohn?

   _____

   _____

29. Nachstehend finden Sie einige wichtige Grundbegriffe aus der Unternehmungslehre. Ordnen Sie den entsprechenden Begriff den unten stehenden Aussagen zu. Je Aussage ist nur ein Begriff anzugeben, und es werden nicht alle Begriffe benötigt.

   – Kompetenzen   – Organigramm   – Akkordlohn
   – Unternehmungsleitbild   – Tiefengliederung   – Linienstelle
   – Stabsstelle   – Zeitlohn   – Leistungslohn
   – Breitengliederung   – Produktionsfaktor   – Stellenbeschreibung

   ① Die Verkaufsprovision ist eine Art _____

   ② Das Pflichtenheft ist ein Teil von _____

   ③ Aufgaben, _____ und Verantwortung müssen sich decken.

   ④ Eine Übersicht über den Aufbau einer Unternehmung heisst _____

   ⑤ Eine befolgungsverpflichtete und weisungsberechtigte Instanz nennt man _____

30. Eine gesunde Finanzierung und die jederzeitige Zahlungsbereitschaft sind für jede Unternehmung lebenswichtig. Gegeben sind die Bilanzen von drei grösseren schweizerischen Industriebetrieben.

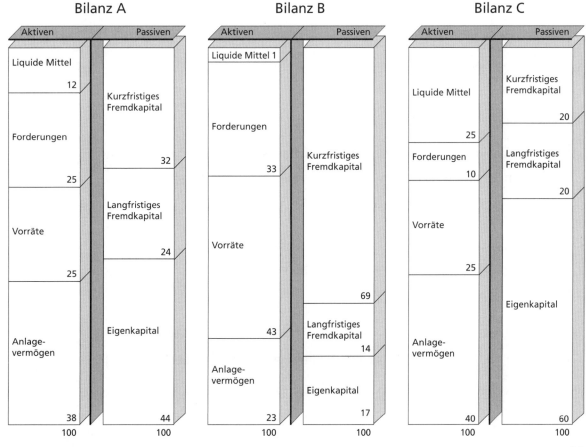

a) Berechnen Sie für die drei Unternehmungen die verlangten Kennzahlen.

Kennzahl	Formel	Unternehmung		
		A	B	C
Fremdfinanzierungsgrad				
Liquiditätsgrad 2				
Anlagedeckungsgrad 2				

b) Beurteilen Sie die Finanzierungsstruktur sowie die Liquidität der drei Unternehmungen.

Unternehmung A

Unternehmung B

Unternehmung C

31. Die Anlageintensität setzt das Anlagevermögen zur Bilanzsumme ins Verhältnis.

a) Nennen Sie drei Beispiele von Unternehmungen mit hoher Anlageintensität.

b) Weshalb weisen anlageintensive Betriebe hohe Fixkosten auf?

c) Warum sind Betriebe mit hoher Anlageintensität weniger flexibel?

32. Erklären Sie die goldene Bilanzregel.

33. Das Aufzeigen der Wechselwirkungen kann in grafischer Form mit Hilfe eines Feedback-Diagramms dargestellt werden. Die Beziehungen werden mit einem Pfeil angegeben und mit entsprechenden Vorzeichen versehen:

   ⊕   positive Wirkung
   ⊖   negative Wirkung
   ⓪   keine Wirkung

Eine Fährgesellschaft erwägt den Kauf eines zusätzlichen Fährschiffs. Sie könnte dieses teilweise mit einer Schiffshypothek finanzieren und würde den Rest bar zahlen. Um die Auswirkungen des Kaufs auf verschiedene Grössen besser beurteilen zu können, erstellt sie ein Feedback-Diagramm.

Tragen Sie in diesem Feedback-Diagramm die Wirkungen ein.

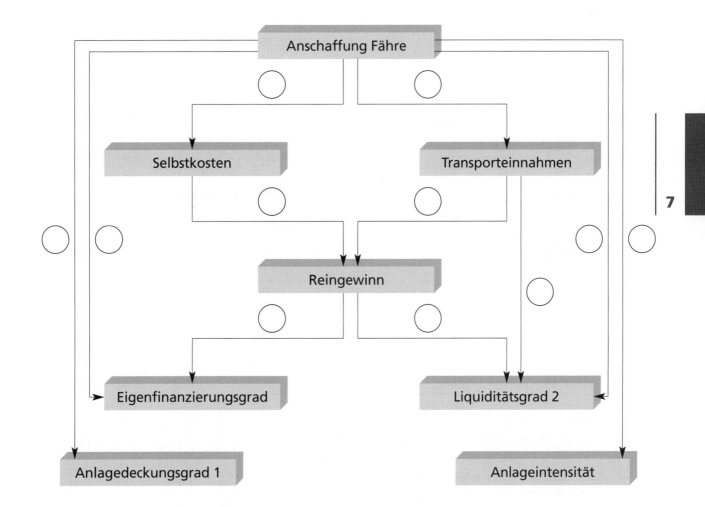

34. Beantworten Sie folgende Fragen zu Rentabilität und Liquidität.

   a) Was versteht man unter Rentabilität?

   b) Was versteht man unter Liquidität?

   c) Beschreiben Sie den Zielkonflikt zwischen Rentabilität und Liquidität.

   d) Rentabilität wird manchmal mit Nahrung und Liquidität mit Atmung verglichen. Nehmen Sie Stellung zu diesem bildhaften Vergleich.

35. Unter Marketing versteht man die Ausrichtung der Unternehmungstätigkeiten auf die Erfordernisse des Absatzmarktes. Im Mittelpunkt steht der Kunde mit seinen Bedürfnissen, auf den alle Anstrengungen ausgerichtet werden müssen.

   Um die gesteckten Ziele zu erreichen, wird unter dem Stichwort Marketing-Mix eine optimale Mischung der vier Marketing-Instrumente (product, price, place, promotion) angestrebt.

   Zu welchem Marketing-Instrument gehören die folgenden Überlegungen des Marketingleiters eines Parfümherstellers bei der Lancierung eines neuen Parfüms (ankreuzen)?

Überlegungen	Marketing-Instrumente			
	Product	Price	Promotion	Place
a) Der Vertrieb erfolgt ausschliesslich über Fachgeschäfte.				
b) Als Imageträgerin soll das Fotomodell Claudia Crawford gewonnen werden.				
c) Das neue Produkt wird unter dem Markennamen «Scent of a woman» vermarktet.				
d) Das Parfüm ist teuer und soll vor allem höchste Kaufkraftklassen ansprechen.				
e) Der berühmte Designer Mario Colani wird mit der Entwicklung einer aussergewöhnlichen Flaschenform und einer luxuriösen Verpackung beauftragt.				
f) Die Fachgeschäfte sollen mit einem überdurchschnittlich hohen Wiederverkaufsrabatt dazu animiert werden, das neue Parfüm in ihr Sortiment aufzunehmen.				

36. Im folgenden Schema sind die drei häufigsten Absatzwege vom Produzenten bis zum Konsumenten dargestellt. Im Fall ① verkauft der Produzent direkt an den Konsumenten. Setzen Sie für die Fälle ② und ③ die fehlenden Begriffe im Schema ein.

37. Kreuzen Sie alle richtigen Antworten an.

    a) ❒ Bei der Fliessbandfertigung sind die Betriebsmittel und die Arbeitsplätze so angeordnet, dass sie eine Produktionsstrasse bilden.
    b) ❒ Bei der industriellen Fertigung ist die Arbeitsteilung viel stärker als bei der handwerklichen Fertigung.
    c) ❒ Bei der automatischen Fertigung ist die Führung, Steuerung und Kontrolle des Arbeitsprozesses weitgehend durch eine Anlage übernommen.
    d) ❒ Jobrotation bedeutet, dass der Arbeiter viele verschiedene Tätigkeiten innerhalb seiner Abteilung ausführen kann.
    e) ❒ Ein tiefes Sortiment bedeutet, dass viele Warengruppen geführt werden, ein flaches Sortiment bedeutet, dass innerhalb der Warengruppe viele Artikel geführt werden.
    f) ❒ Ein schmales Sortiment bedeutet, dass wenige Warengruppen geführt werden, ein breites Sortiment bedeutet, dass viele Warengruppen geführt werden.
    g) ❒ Von Einzelfertigung spricht man, wenn nur ein einzelnes Stück hergestellt wird, von Massenfertigung, wenn dasselbe Produkt in grossen Mengen hergestellt wird.
    h) ❒ Die Serienfertigung hat den Vorteil, dass der Fixkostenanteil pro Stück relativ klein wird.
    i) ❒ Von Time- oder Jobsharing spricht man, wenn zwei Angestellte einen Arbeitsplatz teilen.

8. Banken

1. Erklären Sie folgende Begriffe:

   Aktive Kreditgeschäfte _____

   Passive Kreditgeschäfte _____

   Indifferente Bankgeschäfte _____

2. Ordnen Sie die aufgeführten Bankgeschäfte durch Ankreuzen der richtigen Kolonne zu.

	Aktive Kreditgeschäfte	Passive Kreditgeschäfte	Indifferente Bankgeschäfte
a) Entgegennahme von Sparheftgeldern	☐	☐	☐
b) Vermietung eines Tresorfachs	☐	☐	☐
c) Gewährung eines Baukredites	☐	☐	☐
d) Wechseln von fremden Währungen (Change)	☐	☐	☐
e) Börsenauftrag erledigen	☐	☐	☐
f) Salärkonto mit Haben-Überschuss	☐	☐	☐
g) Verkauf von Reisechecks	☐	☐	☐
h) Gewährung eines Kleinkredits	☐	☐	☐
i) Anlageberatung	☐	☐	☐
k) Ausgabe von Kassenobligationen	☐	☐	☐
l) Entgegennahme von Festgeldern	☐	☐	☐
m) Steuerberatung	☐	☐	☐
n) Ausführung eines Vergütungsauftrages	☐	☐	☐
o) Gewährung eines Hypothekarkredites	☐	☐	☐

3. Beurteilen Sie folgende Kapitalanlagemöglichkeiten in Bezug auf Rentabilität, Liquidität und Sicherheit (magisches Dreieck).

	Rentabilität	Liquidität	Sicherheit
Sparheft Sparkonto			
Salärkonto Privatkonto und Ähnliches			
Kassenobligationen			
Anleihensobligationen			
Aktien			
Edelmetalle Diamanten			
Mehrfamilienhaus			

4. Beschreiben Sie anhand der Tabelle das Wesentliche folgender Kreditarten.

	Welche Personen werden ausser dem Kreditnehmer verpflichtet?	Welche Realsicherheit besteht?
Blankokredit		
Kleinkredit		
Bürgschaftskredit		
Faustpfandkredit (Lombardkredit)		
Grundpfandkredit (Hypothekarkredit)		

5. Warum ziehen Sie als Gläubiger zur Sicherung eines Kredites in der Regel ein Faustpfand einer Bürgschaft vor?

6. Warum muss das Faustpfand dem Kreditgeber in allen Fällen übergeben werden?

7. Warum werden Obligationen in der Regel höher belehnt als Aktien?

8. Welche Schritte unternimmt die kreditgebende Bank, wenn ein Lombardkredit von Fr. 10 000.– (gedeckt durch kotierte Wertpapiere mit Kurswert von Fr. 15 000.–) nicht zurückbezahlt wird?

9. Warum verlangen die Banken in der Regel Solidarbürgschaften?

10. Schlagen Sie im Obligationenrecht nach, welche Formvorschriften für folgende Bürgschaften bestehen. (Sie brauchen die Formvorschriften nicht auswendig zu lernen; Sie können sie ja jederzeit wieder im OR nachschlagen.) Geben Sie jeweils den entsprechenden OR-Artikel an.

Art der Bürgschaft	Formvorschrift
alle Bürgschaften	
Bürgschaften unter Fr. 2000.– natürlicher Personen	
Bürgschaften über Fr. 2000.– natürlicher Personen	
verheiratete Bürgen	

11. Welches ist die rechtliche Folge, wenn beim Bürgschaftsvertrag eine Formvorschrift verletzt wird?

12. Ein Kunde verpfändet bei seiner Hausbank das Wertschriftendepot. Es wird ihm eine Kreditlimite von Fr. 100 000.– eingeräumt, die er mit Fr. 65 000.– für den Einkauf von Rohmaterialien beansprucht.

   a) Welcher der folgenden Ausdrücke trifft auf dieses Kreditgeschäft zu (ankreuzen)?

   ☐ Grundpfandkredit ☐ Lombardkredit
   ☐ Passives Kreditgeschäft ☐ Debitorenkontokorrent
   ☐ Konsumkredit ☐ Kundengelder
   ☐ Faustpfandkredit ☐ Produktivkredit
   ☐ Indifferentes Bankgeschäft ☐ Festgeld
   ☐ Fester Vorschuss ☐ Blankokredit

   b) Woran erkennen Sie, dass es sich bei diesem Kreditgeschäft rechtlich um einen Vertrag handelt?

   c) Warum würde die Bank im vorliegenden Fall die Bürgschaftssumme auf etwa Fr. 120 000.– ansetzen?

13. Wie wird verhindert, dass ein Grundeigentümer bei verschiedenen Geldgebern so viele Hypothekardarlehen aufnimmt, bis sein Haus überbelastet ist?

14. Warum hat eine Hypothek im ersten Rang einen niedrigeren Zinsfuss als eine Hypothek im zweiten Rang?

15. Warum sind Hypothekarzinsfussänderungen ein Politikum?

16. Welche Kreditarten kommen in folgenden Fällen zur Anwendung?
    a) Ein kaufmännischer Angestellter will ein Auto erwerben, hat aber kein Geld.

    b) Die Besitzerin eines älteren Hauses will eine Zentralheizung einbauen lassen.

    c) Eine erfolgreiche Sportartikelhändlerin benötigt zur Finanzierung der Einkäufe einen Saisonkredit von Fr. 100 000.–.

    d) Eine Unternehmung wünscht einen Kredit zur Finanzierung ihrer schwankenden Kreditbedürfnisse. Sie besitzt ein grösseres Wertschriftendepot, das aber nicht aufgelöst werden soll.

    e) Ein junger Coiffeur will einen eigenen Salon eröffnen und benötigt für die Geschäftseinrichtung einen Kredit von Fr. 50 000.–. Er kann keine Sicherheiten leisten. Hingegen verfügt sein Vater über ein grösseres Vermögen, das er aber nicht antasten will.

17. Welche allgemeinen Grundsätze gelten für die Höhe des Zinssatzes bei Kreditgeschäften bzw. bei der Kapitalanlage?

    – Der Zinssatz ist um so höher, je

    – Der Zinssatz ist um so höher, je

18. Lösen Sie die Aufgaben zum folgenden Darlehensvertrag.

   > **Schuldschein**
   >
   > Hiermit bestätige ich, von Andrea Häni Fr. 10000.– als Darlehen erhalten zu haben. Ich verpflichte mich, dieses zum jeweils gültigen Hypothekarzinsfuss zu verzinsen.
   >
   > Basel, 22. Mai 20_3   Mathias Zimmermann

   a) Nennen Sie zwei Bestimmungsgrössen, die auf die Höhe des Zinsfusses eines Darlehens einwirken.

   b) Im obigen Schuldschein fehlt eine Vereinbarung über die Rückzahlung des Darlehens. Welches ist die obligationenrechtliche Regelung?

   c) Welche wichtigen Angaben zur Verzinsung fehlen im Schuldschein?

19. In einer Faustpfandverschreibung wurden unter anderem folgende Abmachungen getroffen.

   > Der unterzeichnende Verpfänder, Jürg Haefelin, Limmatstrasse 310, 8005 Zürich, verpfändet der Zürcher Kantonalbank zur Sicherstellung ihres Guthabens die nachstehend aufgeführten Werte:
   >
   > – Fr. 20000.–, 4½% Obligationen Kanton Zürich, 20_1 bis 20_9
   >
   > – Personenwagen Jaguar Sovereign 4,2 Liter, Jahrgang 20_4, Pfandwert Fr. 30000.–
   >
   > Die Pfänder haften der Zürcher Kantonalbank für alle gegenwärtigen und künftigen Forderungen gegen den Verpfänder. Falls dieser seine Schulden bei Verfall nicht begleicht, gehen die gestellten Pfänder ins Eigentum der Bank über.

   a) Welche dieser Vereinbarungen ist nichtig?

   b) Welches Pfand ist hier unüblich? Begründung?

9. Versicherungen

1. Welches ist das Grundprinzip jeder Versicherung?

2. Nach der Art des versicherten Gegenstandes kann zwischen Personenversicherungen, Sachversicherungen und Vermögensversicherungen unterschieden werden. Nennen Sie zu jeder Gruppe passende Beispiele.

Personenversicherungen	Sachversicherungen	Vermögensversicherungen
Gegenstand der Versicherung ist eine **Person**.	Sie schützt vor den finanziellen Folgen von Beschädigung oder Verlust einer **Sache**.	Sie schützt das **Vermögen** des Versicherungsnehmers vor finanziellen Ansprüchen.

3. Wenn der Staat das Risiko in einem bestimmten Lebensbereich als besonders gross betrachtet und er die Bevölkerung vor den wirtschaftlichen Folgen schützen will, erklärt er die Versicherung als obligatorisch. Nennen Sie sieben obligatorische Versicherungen.

4. Die Versicherungspolice ist kein Wertpapier, sondern lediglich eine Beweisurkunde für die Existenz einer Versicherung. Welches sind die wichtigsten Angaben in einer Versicherungspolice?

5. Welches sind die Folgen in Bezug auf den Versicherungsschutz, wenn der Versicherungsnehmer die Prämie nicht bezahlt?

6. Die Vorsorge für Alter, Tod und Invalidität beruht in der Schweiz auf dem Drei-Säulen-Prinzip. Vervollständigen Sie die Tabelle.

	1. Säule Deckt den Existenzbedarf.	2. Säule Ermöglicht die Fortsetzung der gewohnten Lebenshaltung	3. Säule Dient zur Deckung persönlicher Wünsche.
Bezeichnung der Vorsorgeeinrichtung			
Träger der Vorsorgeeinrichtung			
Obligatorisch oder freiwillig?			
Kapitaldeckungs- oder Umlageverfahren?			

7. Wie hoch ist die einfache AHV-Altersrente zurzeit?

   Minimum: _____ Maximum: _____

8. Beschreiben Sie die Umverteilungswirkung der AHV.

9. Erklären Sie die EO.

10. Setzen Sie die folgenden versicherten Ereignisse mit den entsprechenden Buchstaben (A, B, C ...) an der richtigen Stelle in die nebenstehende Tabelle ein, und vervollständigen Sie diese.

    A Elementarschäden (Feuer, Wasser usw.) und eventuell Glasbruch an Wohnungseinrichtungen
    B Unfall bei der Arbeit oder auf dem Arbeitsweg
    C Forderungen Dritter wegen unerlaubter Handlung oder Kausalhaftung des Versicherungsnehmers
    D Unfälle, die nicht in Zusammenhang mit der Arbeit stehen
    E Diebstahl und Beraubung
    F Schäden am Fahrzeug des Versicherungsnehmers infolge Brandes, Blitzschlags, Kurzschlusses, Steinschlags, Lawinen, Hochwassers, Hagels usw.; Schäden infolge Diebstahls des Fahrzeuges; Glasbruch am Fahrzeug des Versicherungsnehmers; Schäden am Fahrzeug durch Wildtiere
    G Forderungen Dritter an den Halter eines Motorfahrzeuges für Schäden, die durch dieses Motorfahrzeug verursacht worden sind
    H Lohnausfall wegen Militär- oder Zivilschutzdienstes
    I Kollisionsschäden am Fahrzeug des Versicherungsnehmers und Schäden gemäss Buchstabe F
    K Krankheit
    L Unverschuldete Arbeitslosigkeit
    M Invalidität

11. Eine Unternehmung versichert ihr Geschäftsinventar und Warenlager gegen Feuer, Wasser und Einbruch/Diebstahl bei der Schweizerischen Mobiliarversicherung in Bern zum Wiederbeschaffungswert.

    Welche Ausdrücke treffen auf die obige Versicherung zu?

    ☐ Sachversicherung   ☐ Vermögensversicherung
    ☐ Staatliche Versicherung   ☐ Privatversicherung
    ☐ Zeitwertversicherung   ☐ Neuwertversicherung
    ☐ Obligatorische Versicherung   ☐ Freiwillige Versicherung

12. Peter Meier überfährt bei Rotlicht eine Kreuzung und rammt mit seinem Auto den Wagen des korrekt fahrenden Nachtwächters Beat Huber. Beide Autos sind schrottreif.

    a) Welche Versicherung bezahlt den Schaden am Fahrzeug von Beat Huber (genaue Versicherungsart und Versicherungsnehmer nennen)?

    b) Welche Versicherung übernimmt evtl. den Schaden am Fahrzeug von Peter Meier (genaue Versicherungsart und Versicherungsnehmer nennen)?

    c) Welchen Einfluss hat dieser Unfall auf die künftigen Prämienzahlungen von Peter Meier an die Versicherungsgesellschaft?

    d) Unter welcher Voraussetzung könnte die Versicherungsgesellschaft auf Peter Meier Regress nehmen?

Tabelle zu Frage 10

Name der Versicherung	versicherte Ereignisse	Leistungen der Versicherung	Obligatorisch?	Wer bezahlt die Prämie?
Berufsunfall-Versicherung		Heilungskosten, Verdienstausfall, bestimmte Beträge bei Tod/Invalidität		
Nichtberufsunfall-Versicherung		wie bei Berufsunfall-Versicherung		
Kranken-Versicherung		Heilungskosten, evtl. Krankengeld, relativ bescheidene Beträge (im Vergleich zu Unfall) bei Tod/Invalidität		
IV		Renten, Wiedereingliederungskosten (Umschulung u.Ä.)		
Hausrat- und Mobiliar-Versicherung		Ersatz zum Neuwert		
Diebstahl-Versicherung		Ersatz zum Neuwert		
Haftpflicht-Versicherung		Bezahlung von Schadenersatzansprüchen Dritter		
Motorfahrzeug-Haftpflicht-Versicherung		Bezahlung von Schadenersatzansprüchen Dritter		
Motorfahrzeug-Vollkasko-Versicherung		1. Reparatur 2. Ersatz zum Zeitwert		
Motorfahrzeug-Teilkasko-Versicherung		1. Reparatur 2. Ersatz zum Zeitwert		
ALV		Teil des früheren Lohnes, Umschulungskosten		
EO		Teil des Lohnausfalles		

13. Zeigen Sie in nachstehender Tabelle die Folgen einer Über-, Unter- und Doppelversicherung am Beispiel der Hausratversicherung auf, und beurteilen Sie die drei Fälle. Der effektive Wert des versicherten Hausrates beträgt Fr. 50 000.–.

	Überversicherung	Unterversicherung	Doppelversicherung
Versicherungssumme	z.B. Fr. 80 000.–	z.B. Fr. 25 000.–	2 x Fr. 50 000.–
Versicherungsleistung nach Zimmerbrand mit Fr. 30 000.– Schaden	Fr. _____	Fr. _____ (___% von Fr. _____)	Fr. _____
Beurteilung			

14. Eine Wohnungseinrichtung wird gegen Feuer-, Elementar- und Wasserschaden versichert. Die Versicherungssumme beträgt Fr. 50 000.–. Kurze Zeit später werden bei einem Gewitter Keller und Wohnraum überschwemmt, und es entsteht ein Schaden von Fr. 15 000.–.

Bei der Berechnung der Entschädigung berücksichtigt die Versicherungsgesellschaft folgende Punkte:

– Der Versicherungsinspektor stellt bei der Schadenaufnahme fest, dass der wirkliche Wert des versicherten Mobiliars Fr. 75 000.– beträgt.

– Bei Elementar- und Wasserschäden wird ein Selbstbehalt von ½% der Versicherungssumme abgezogen.

– Für Aufräumarbeiten werden dem Versicherungsnehmer Fr. 150.– vergütet.

Welchen Betrag zahlt die Versicherungsgesellschaft als Entschädigung aus?

15. Was ist eine Rückversicherung?

16. Welche Versicherungsbeiträge werden dem Arbeitnehmer jeweils vom Lohn abgezogen?

17. Versicherungsfachleute empfehlen, zur Vermeidung von Gefahren, Störungen und Schäden eine konsequente Risikopolitik (risk management) zu betreiben.

    Ein Velofahrer überlegt sich in diesem Zusammenhang Folgendes:

    A Beim Velofahren bestehen für mich vor allem drei Risiken:

    – Diebstahl des Velos
    – Verletzungsgefahr bei einem Unfall
    – Schädigung von Drittpersonen bei einem Unfall

    B Das Risiko des Velodiebstahls nehme ich auf mich.

    C Gegen Unfall schütze ich mich durch Helmtragen und vorsichtiges Fahren.

    D Die finanziellen Folgen eines selbstverschuldeten Unfalls, der zu einem bleibenden Körperschaden bei einer Drittperson führt, muss ich abwälzen.

    E Mein Velo ist von sehr guter Qualität; es wird regelmässig gewartet und punkto Verkehrstüchtigkeit überprüft.

    In der Tabelle sind die vier Elemente der Risikopolitik bereits eingetragen. Ordnen Sie die Überlegungen des Velofahrers den passenden Elementen zu (Grossbuchstaben eintragen).

Elemente der Risikopolitik	Überlegungen des Velofahrers
1. Risiken erkennen, abschätzen	
2. Risiken vermeiden, vermindern	
3. Risiken versichern	
4. Risiken selber tragen	

18. Bei der Vielfalt an freiwilligen Versicherungen ist der Einzelne bei der Wahl der «notwendigen» Versicherungen oft überfordert.

    a) Kreuzen Sie die freiwilligen Versicherungen für eine 30-jährige Verkaufsleiterin mit einem Jahreseinkommen von Fr. 100 000.– an:

    ❏ Motorfahrzeughaftpflicht-Versicherung
    ❏ AHV/IV/EO
    ❏ ALV
    ❏ Hausratversicherung
    ❏ Privathaftpflicht-Versicherung
    ❏ Nichtberufsunfall-Versicherung
    ❏ Berufsunfall-Versicherung
    ❏ Krankenversicherung (Krankenkasse)
    ❏ Reisegepäck- und Annullationskosten-Versicherung
    ❏ Rechtsschutz-Versicherung
    ❏ Motorfahrzeug-Kaskoversicherung
    ❏ Lebensversicherung
    ❏ Berufliche Vorsorge (Pensionskasse)
    ❏ Dritte Säule

    b) Welche freiwillige Versicherung würden Sie der Verkaufsleiterin aufgrund Ihrer Risikopolitik am ehesten empfehlen?

10. Steuern

1. In der Schweiz haben der Bund, die Kantone und die Gemeinden das Recht, Steuern zu erheben (Steuerhoheit). Tragen Sie folgende Steuern ins Schema ein:

   – Mehrwertsteuer
   – Staatssteuer
   – Motorfahrzeugsteuer
   – direkte Bundessteuer (Wehrsteuer)
   – Tabaksteuer/Alkoholsteuer
   – Handänderungssteuer
   – Erbschaftssteuer/Schenkungssteuer
   – Grundstückgewinnsteuer
   – Verrechnungssteuer
   – Gemeindesteuer (inkl. Kirchensteuer)
   – Zölle/Zollzuschläge
   – Hundesteuer
   – Stempelsteuer

	Direkte Steuern (Das sind Steuern auf Einkommen und Vermögen natürlicher Personen bzw. auf Ertrag und Kapital juristischer Personen)	**Indirekte Steuern** (Diese Steuern nehmen in der Regel keine Rücksicht auf die wirtschaftliche Leistungsfähigkeit des Steuerpflichtigen)
Bund		
Kanton		
Gemeinde		

* Diese Erträge werden in der Regel zwischen dem Kanton und den Gemeinden aufgeteilt.

2. Welches sind die fünf wichtigsten Bundeseinnahmen?

3. Warum sind Steuern notwendig?

4. Auf welchen Einkommensteilen wird die Verrechnungssteuer erhoben?

5. Die Bank besorgt für einen Kunden das Inkasso des Jahreszinses für nominal Fr. 20 000.– 5% Obligationen Kanton Bern.

   Vervollständigen Sie das Schema zur Verrechnungssteuer mit Text, Prozentwerten und Frankenbeträgen.

```
                    Bank
           ┌─────────┴─────────┐
           ▼                   ▼
   Obligationär          kantonale bzw. eidg.
   (Bankkunde)           Steuerverwaltung
```

6. Welches ist der Hauptzweck der Verrechnungssteuer?

7. a) Welche der folgenden Zahlungen bzw. Gutschriften unterliegen der Verrechnungssteuer?

   ❏ Gutschrift von Fr. 30.– Zins auf einem Gehaltskonto.
   ❏ Gewinn im Zahlenlotto von Fr. 375.–
   ❏ Gutschrift von Fr. 5000.– für eine fällige Kassaobligation auf dem Sparkonto.
   ❏ Dividende von Fr. 120.– aus der Beteiligung an einer schweizerischen Versicherungsgesellschaft.
   ❏ Gutschrift von Fr. 15.30 Jahreszins auf einem Namensparheft.
   ❏ Zahlung des Hypothekarzinses von Fr. 6600.– an eine Raiffeisenbank.

   b) Was geschieht mit der abgezogenen Verrechnungssteuer?

8. Beantworten Sie die folgenden Fragen zur Mehrwertsteuer:

a) In wessen Kasse fliesst die Mehrwertsteuer?

b) Warum bezeichnet man die Mehrwertsteuer als Mehrphasensteuer?

c) Wem wird die Mehrwertsteuer in der Regel verdeckt verrechnet?

d) Warum werden vor allem die Waren des täglichen Bedarfs wie Nahrungsmittel, alkoholfreie Getränke, Bücher, Zeitungen und Medikamente mit einem reduzierten Steuersatz belastet?

e) Weshalb werden exportierte Waren nicht besteuert?

f) Weshalb spricht man bei der Mehrwertsteuer von einer indirekten Steuer?

g) Worin besteht der Unterschied zwischen der Steuerabrechnung nach vereinbartem und nach vereinnahmtem Entgelt?

h) Welche Abrechnungsart wird vom Bund normalerweise verlangt und weshalb?

9. Welche Mehrwertsteuersätze gelangen bei folgenden Gütern und Dienstleistungen zur Anwendung? Der richtige Satz ist anzukreuzen.

	0%	2,4%	7,6%
a) Zeitungen			
b) Versicherungen			
c) Mobiliar			
d) Rechtsberatung durch Anwalt			
e) Benzin			
f) Nahrungsmittel			
g) Radio- und Fernsehabonnement			
h) Konzertbillette			
i) Elektrizität			
k) Wohnungsmiete			
l) Schmerztabletten			
m) Uhrenexport			
n) Arztkonsultation			

10. Welche Steuerformulare muss eine natürliche, unselbstständig erwerbende Person regelmässig zu Beginn einer Steuerperiode ausfüllen und welches vom Arbeitgeber ausfüllen lassen?

11. Die folgende Tabelle gibt den Steuertarif eines Kantons wieder:

> 2% für die ersten   Fr. 4000.–   8% für die weiteren Fr. 9000.–
> 3% für die weiteren Fr. 4000.–   9% für die weiteren Fr. 15000.–
> 4% für die weiteren Fr. 5000.–   10% für die weiteren Fr. 20000.–
> 5% für die weiteren Fr. 6000.–   11% für die weiteren Fr. 20000.–
> 6% für die weiteren Fr. 6000.–   12% für die weiteren Fr. 30000.–
> 7% für die weiteren Fr. 6000.–   13% für Einkommensteile über Fr. 125000.–

a) Berechnen Sie aufgrund dieser Tabelle die einfache Staatssteuer bei einem steuerbaren Einkommen von Fr. 26000.–

b) Wie hoch sind die gesamten Einkommenssteuern, wenn die Staatssteuer 115% (Faktor 1,15), die Gemeindesteuer 123% (Faktor 1,23) und die Kirchensteuer 12% (Faktor 0,12) der einfachen Staatssteuer betragen?
Die direkte Bundessteuer beläuft sich auf Fr. 185.40.

12. Berechnen Sie aufgrund der nachfolgenden Angaben das steuerbare Einkommen eines unselbstständig Erwerbenden auf übersichtliche Weise.

– Bruttolohn gemäss Lohnausweis	48 000.–
– Berufsauslagen	6 400.–
– AHV/IV/EO/ALV-Beiträge (1. Säule) gemäss Lohnausweis	2 424.–
– Einkünfte aus Nebenerwerb	3 000.–
– Pensionskassenbeiträge (2. Säule) gemäss Lohnausweis	3 000.–
– Versicherungsprämien	2 000.–
– Diverse Abzüge	1 000.–
– Zinsen und Dividenden gemäss Wertschriftenverzeichnis	1 424.–
– Mietwert des Eigenheimes	12 000.–
– Hypothekarzinsen	16 000.–
– Steuerfreie Beträge (Sozialabzüge)	7 600.–

13. Die juristischen Personen entrichten grundsätzlich eine Steuer vom Reinertrag und eine Steuer vom Kapital. Welche Grössen aus der Buchhaltung dienen als Bemessungsgrundlage?

14. Diese Aufgabe gehört nicht zum Pflichtstoff. Aufgrund Ihrer betriebswirtschaftlichen Kenntnisse sollten Sie trotzdem in der Lage sein, die Probleme Schritt für Schritt zu lösen.

    Eine Aktiengesellschaft besitzt ein Aktienkapital von Fr. 500 000.–, offene Reserven von Fr. 100 000.– sowie steuerlich nicht anerkannte stille Reserven von Fr. 200 000.–. Das Fremdkapital beträgt Fr. 400 000.–. Der ausgewiesene Reingewinn gemäss externer Erfolgsrechnung beträgt Fr. 60 000.–, wobei diese noch steuerlich nicht zulässige Abschreibungen von Fr. 20 000.– enthält. Der Verkaufsertrag beträgt Fr. 1 000 000.–.

    In gewissen Kantonen beträgt die Ertragssteuer (einfache Staatssteuer) halb so viele Prozente des steuerbaren Reingewinnes, als dieser ganze Prozente des steuerbaren Eigenkapitals ausmacht. So wird beispielsweise bei einer Rendite von 16% ein Steuersatz von 8% angewendet.

    a) Wie gross ist das steuerbare (Eigen-)Kapital?

    b) Wie gross ist der steuerbare Reinertrag?

    c) Wie hoch ist die Rendite des Eigenkapitals?

    d) Wie hoch ist der Steuersatz?

    e) Wie hoch ist die einfache Staatssteuer?

15. Erklären Sie die Doppelbesteuerung bei der Aktiengesellschaft.

16. Die Aktiengesellschaft ist in der Schweiz stark verbreitet, weil sie gegenüber anderen Unternehmungsformen eine Reihe von Vorteilen aufweist. Welches ist *kein* Vorteil (ankreuzen)?
    - ❏ Beschaffung grosser Kapitalien besser möglich
    - ❏ Beschränkte Haftung
    - ❏ Anonymität der Aktionäre
    - ❏ Besteuerung von Gesellschaft und Aktionären

17. Erklären Sie die Steuerprogression bei der Einkommenssteuer.

18. Erklären Sie das Wesen der kalten Progression.

19. Warum werden indirekte Steuern manchmal als unsozial bezeichnet?

Anhang

Musterprüfungen

Die fünf abgedruckten Musterprüfungen sind Lehrabschlussprüfungen. Sie sollen Ihnen helfen, sich optimal auf die schriftliche Prüfung vorzubereiten. **Für das Lösen einer Prüfung stehen 90 Minuten zur Verfügung.** Das Obligationenrecht und das Zivilgesetzbuch dürfen verwendet werden.

Prüfung 1

1. Aufgabe (8 Punkte)

a) Welche der folgenden Aussagen über das **dispositive** (ergänzende) Recht sind richtig, welche sind falsch?

Richtig Falsch

☐ ☐ Das dispositive Recht umfasst alle Rechtsnormen, die nicht durch vertragliche Abmachungen abgeändert werden dürfen.

☐ ☐ Diese Vorschriften gelten nur, wenn die Vertragsparteien nichts oder nicht etwas anderes vereinbart haben.

☐ ☐ Es sind Rechtsvorschriften, die nur für den Schuldner Gültigkeit haben, nicht auch für den Gläubiger.

☐ ☐ Dispositives Recht regelt die Beziehungen zwischen Bürger und Staat.

☐ ☐ Dispositives Recht kommt im Privatrecht vor, nicht im öffentlichen Recht.

☐ ☐ Durch dispositive Rechtsvorschriften wird der Gläubiger bevorzugt.

b) Nennen Sie aus den Bestimmungen über den «Grundstückkauf» eine Rechtsvorschrift, welche dispositiven Charakter hat.

Antwort (Gesetz, Artikel, Absatz):

2. Aufgabe (6 Punkte)

In einem Katalog wird eine Kaffeemaschine für Fr. 430.– angeboten. Im Laden verlangt man von Ihnen aber für die gleiche Maschine Fr. 470.– und begründet dies mit der eingetretenen Teuerung.

a) Darf das Geschäft den höheren Preis verlangen, wenn es darauf hinweist, im Katalog stehe «Preisänderungen vorbehalten»?

☐ Ja   ☐ Nein   (Das Richtige ist anzukreuzen.)

Begründung Ihrer Antwort:

b) Gilt dies auch, wenn der Hinweis «Preisänderungen vorbehalten» im Katalog fehlt?

☐ Ja   ☐ Nein   (Das Richtige ist anzukreuzen.)

Begründung Ihrer Antwort:

3. Aufgabe (10 Punkte)

Der Handlungsbevollmächtigte der Spielwaren AG, K. Hug, unterschreibt einen Kaufvertrag für 100 Spielzeugautos mit Batterieantrieb und zehn Bausets für Segelflugzeuge.

a) Wie unterschreibt er?

b) Darf er als Einkäufer den Vertrag überhaupt unterschreiben? Begründen Sie Ihre Antwort.

c) Während der Ferienabwesenheit des Geschäftsführers ergibt sich die Gelegenheit zu einem günstigen Spielwareneinkauf. Allerdings müsste dafür bei der Bank des Geschäftes ein Darlehen von Fr. 30 000.– aufgenommen werden.

Lesen Sie dazu Art. 462 Abs. 2 OR.

Nennen Sie die Voraussetzung (das Tatbestandsmerkmal) für die Anwendung dieses Artikels.

Welche Konsequenz ergibt sich daraus für K. Hug (konkrete Rechtsfolge)?

d) Nach verschiedenen unliebsamen Vorkommnissen beschliesst der Geschäftsführer, K. Hug die Handlungsvollmacht zu entziehen. Er fragt Sie, ob dafür die normale Kündigungsfrist einzuhalten sei oder die Vollmacht fristlos entzogen werden könne.

Was ist richtig? Die Antwort ist mit dem Gesetzesartikel zu begründen.

4. Aufgabe (4 Punkte)

Ein Alters- und Pflegeheim mit geschützter Werkstätte in Zürich kauft bzw. verkauft Folgendes:

a) 100 Büchsen Gemüsekonserven von einem Lieferanten in Rorschach.

b) 500 kg Speisekartoffeln von einem Lieferanten in Meilen, welcher die Kartoffeln von einem Landwirt in Rüti bezieht.

c) Zwei Originalgemälde für den Speisesaal des Heimes werden von einem Künstler in Basel gekauft; die Bilder sind an einer Ausstellung in Schaffhausen bestellt worden und müssen bis zum Ende der Ausstellung dort bleiben.

d) Aus der Ausführung eines Auftrages durch die Werkstatt besitzt das Heim ein Guthaben von Fr. 1500.– gegenüber einem Auftraggeber in Horgen (die angefertigten Massenartikel sind nach Weisung des Bestellers direkt nach Frauenfeld geliefert worden).

Wo befindet sich für die Fälle a bis d der Erfüllungsort, wenn darüber nichts vereinbart worden ist? Richtigen Ort ankreuzen bzw. einsetzen.

a) ❏ Rorschach
❏ Zürich
❏ anderer Ort, dann wo?

b) ❏ Meilen
❏ Rüti
❏ Zürich
❏ anderer Ort, dann wo?

c) ❏ Basel
❏ Schaffhausen
❏ Zürich
❏ anderer Ort, dann wo?

d) ❏ Frauenfeld
❏ Horgen
❏ Zürich
❏ anderer Ort, dann wo?

5. Aufgabe (5 Punkte)

Folgende Betreibungen sind Ihnen bekannt:

A Betreibung auf Pfändung
B Betreibung auf Pfandverwertung
C Betreibung auf Konkurs

Zeigen Sie, welche der folgenden Aussagen für die drei Betreibungsarten zutreffen, indem Sie die Buchstaben A bis C am richtigen Ort einsetzen. Der gleiche Buchstabe kann mehrmals vorkommen, und einer Aussage können mehrere Buchstaben zugeordnet werden.

a) Der Eintrag des Schuldners im Handelsregister ist Voraussetzung für das entsprechende Verfahren.

b) Alle Gläubiger werden amtlich aufgefordert, ihre Forderungen und Ansprüche anzugeben.

c) Es wird nur so viel Vermögen beschlagnahmt, als nötig ist, um die Forderungen desjenigen Gläubigers zu decken, welcher die Betreibung verlangt hat.

d) Die amtliche Beschlagnahmung des Vermögens entfällt im Ablauf des Verfahrens.

e) Das Betreibungsamt handelt grundsätzlich nur auf Begehren des Gläubigers.

6. Aufgabe (7 Punkte)

Der Wert der Wohnungseinrichtung in einem Einfamilienhaus beträgt Fr. 180 000.–. Infolge eines Leitungsbruches während der Ferienabwesenheit der Hausbewohner ist an verschiedenen Möbeln und Teppichen ein Wasserschaden von Fr. 40 000.– entstanden. Erleichtert stellt der Hauseigentümer fest, dass die Versicherungssumme gemäss Versicherungspolice Fr. 135 000.– beträgt.

a) Um was für eine Versicherungsart handelt es sich hier?

b) Wie bezeichnet das Versicherungsvertragsgesetz diesen Sachverhalt?

c) Wie viel Franken wird die Versicherungsgesellschaft auszahlen, wenn nichts Weiteres abgemacht ist? Die Berechnungen sind übersichtlich darzustellen.

7. Aufgabe (6 Punkte)

Die Bilanz einer Aktiengesellschaft zeigt folgendes Bild (Kurzzahlen); es sind keine stillen Reserven vorhanden:

Bilanz am 31.12.20_1

Aktiven		Passiven		
Umlaufvermögen	200	Fremdkapital		1400
Anlagevermögen	1000	Eigenkapital:		
		Aktienkapital	500	
Verlust	800	Reserven	100	600
	2000			2000

a) Wie bezeichnet man diese finanzielle Situation?

b) Welches ist die gesetzliche Folge?

8. Aufgabe (7 Punkte)

Das Aktienkapital einer AG hat bisher 1 Mio. Franken betragen, eingeteilt in 10 000 Inhaberaktien zu nominell Fr. 100.–. Die Verwaltung schlägt der nächsten Generalversammlung eine Kapitalerhöhung von nominell Fr. 500 000.–, voll einbezahlt, vor. Den bisherigen Aktionären werden 2500 neue Inhaberaktien zu nominell Fr. 100.– angeboten. Um einer «Überfremdung» durch unerwünschte Aktionäre vorbeugen zu können, sollen für die restlichen Fr. 250 000.– **möglichst viele** kontrollierbare Aktien ausgegeben werden.

a) Welche Art von Aktien kommt für diesen Zweck in Frage?

b) Wie viele Aktien dieser Art sollen ausgegeben werden, und welchen Nennwert hat eine solche Aktie in diesem Fall?

c) Wie werden solche Aktien bezeichnet, wenn an zukünftigen Generalversammlungen der Gesellschaft jede Aktie eine Stimme zählt?

9. Aufgabe (4 Punkte)

Frau X ist gestorben und hinterlässt den Ehemann, zwei Kinder, ihren Vater und zwei Schwestern. Wer ist in diesem Fall erbberechtigt, wenn keine letztwillige Verfügung besteht (ankreuzen)?

Erbberechtigt	Nicht erbberechtigt	
		Ehemann
		Kinder
		Vater
		Schwestern

10. Aufgabe (8 Punkte)

a) Wie viel erben die einzelnen Erben im nachstehenden Fall, wenn kein Testament vorhanden ist? Schreiben Sie die Anteile in Brüchen unter die entsprechenden Erben.

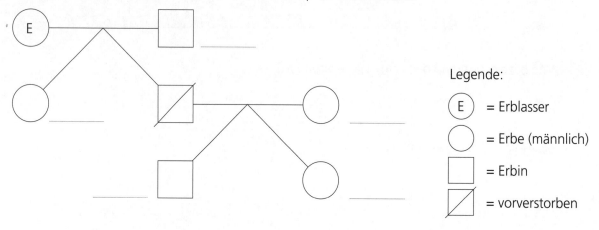

Legende:
- E = Erblasser
- ○ = Erbe (männlich)
- □ = Erbin
- ⊘ = vorverstorben

b) Wieviel erbt die Ehefrau des Erblassers, wenn die übrigen Erben auf den Pflichtteil gesetzt werden und die gesamte Erbschaft Fr. 240 000.– beträgt? Die Berechnung ist übersichtlich darzustellen.

11. Aufgabe (8 Punkte)

a) Sind die folgenden Aussagen richtig oder falsch?

Richtig	Falsch	
☐	☐	Banken zählen zu den Dienstleistungsbetrieben.
☐	☐	Bauunternehmungen gehören zum primären Wirtschaftssektor.
☐	☐	In der Schweiz hat in den letzten Jahren der primäre Wirtschaftssektor absolut und relativ stark zugenommen.
☐	☐	Profit-Centers sind gewissermassen eigene Betriebe innerhalb einer Unternehmung mit eigener Abteilungs-Erfolgsrechnung.
☐	☐	Die Ablauf-Organisation zeigt, wer wem im Betrieb unterstellt ist.
☐	☐	Ein Warenhaus hat ein breites und in den einzelnen Warengruppen unterschiedlich tiefes Sortiment.

b) Wodurch unterscheiden sich im Organigramm einer Unternehmung Linienstellen und Stabsstellen voneinander?

12. Aufgabe (7 Punkte)

Mit zunehmender Besorgnis über mangelnden Umweltschutz wird oft eine umfassende Verwirklichung des Verursacherprinzips gefordert.

a) Was ist unter dem Verursacherprinzip allgemein zu verstehen?

b) Beschreiben Sie je ein mögliches Beispiel aus dem unternehmerischen und/oder privaten Bereich, bei welchem das Verursacherprinzip spielt bzw. nicht spielt.

13. Aufgabe (6 Punkte)

Welche der folgenden Aussagen sind richtig oder falsch?

Richtig	Falsch	
☐	☐	Die Mehrwertsteuer (MWST) ist eine direkte Steuer, da sie von den Unternehmungen direkt an den Bund abgeliefert werden muss.
☐	☐	Bei der direkten Steuer wird das Einkommen einer natürlichen Person auf Gemeinde-, Kantons- und Bundesebene besteuert.
☐	☐	Eine abgezogene Verrechnungssteuer erhält man automatisch zurückvergütet, wenn man dem Steueramt eine Bankbestätigung einreicht, man habe die ordentliche Steuerrechnung bezahlt.
☐	☐	Hohe Einkommen und Vermögen werden durch die Steuerprogression prozentual stärker belastet als niedrigere Einkommen und Vermögen.
☐	☐	Kantone haben ihre eigenen Steuergesetze, weshalb die Steuerbelastung eines bestimmten Einkommens von Kanton zu Kanton unterschiedlich sein kann.
☐	☐	Kollektivgesellschaften werden gleich besteuert wie Aktiengesellschaften.

14. Aufgabe (8 Punkte)

In einem Geschäftsbericht einer Bank lesen wir Folgendes: «Obwohl wir unsere Geschäftstätigkeit im abgelaufenen Jahr um rund 8% steigern konnten, bildeten sich die Spareinlagen um 420 Millionen Franken zurück. Die Sparer nahmen in vermehrtem Masse eine Verlagerung zu höher verzinslichen Anlagen vor.»

a) Mit Hilfe von welchem Kriterium wird bei den Banken üblicherweise die Grösse und das Wachstum gemessen?

b) Zu welcher Kategorie von Bankgeschäften zählt man die Spareinlagen?

☐ Aktive Kreditgeschäfte
☐ Passive Kreditgeschäfte
☐ Indifferente Geschäfte

c) Nennen Sie zwei verschiedene Anlageformen, die dem Anleger gegenwärtig einen höheren Zins bringen als Spareinlagen!

d) Weshalb kann die im Geschäftsbericht geschilderte Umlagerung der Spargelder eine Auswirkung auf die Mietzinsen haben?

15. Aufgabe (6 Punkte)

Wenn eine Unternehmung ihre Unternehmungsziele erreichen will, können Interessenkonflikte zwischen den verschiedenen Interessengruppen entstehen.

Beschreiben Sie einen Interessenkonflikt (es werden nur vollständige Sätze bewertet!) zwischen

a) Arbeitnehmer und Kapitalgeber:

b) Umwelt und Kunden:

Prüfung 2

1. Aufgabe (10 Punkte)

Um welches Sicherungsmittel handelt es sich in den nachfolgenden Fällen?

a) Ein Bauunternehmer verpflichtet sich gegenüber dem Bauherrn, die Maurerarbeiten spätestens am 29. August beendet zu haben. Für jeden Tag, um den dieser Termin überschritten wird, zahlt der Bauunternehmer Fr. 2000.–.

b) Für allfällige Schadenersatzansprüche verlangt ein Vermieter vom Mieter bei Vertragsabschluss ein Depot in der Höhe eines Monatszinses.

c) Ein Möbelgeschäft holt die vor 7 Monaten auf Abzahlung verkauften Möbel wieder ab, da der Kunde nicht mehr in der Lage ist, die Monatsraten zu bezahlen.

d) Ein Vater verpflichtet sich gegenüber der Bank, das dem Sohn gewährte Darlehen samt Zinsen zu bezahlen, sollte der Sohn zahlungsunfähig werden.

e) Ein Garagist will seinem Kunden das Auto erst dann herausgeben, wenn dieser die Rechnung für die ersetzte Auspuffanlage bezahlt hat.

2. Aufgabe (8 Punkte)

Am 7. Juli stellt der Vermieter fest, dass der Wohnungsmieter den Mietzins für den Juni noch nicht bezahlt hat. Gemäss Mietvertrag muss der Mietzins jeweils am 1. des Monats im Voraus bezahlt sein.

a) Entscheiden Sie mit Hilfe von Art. 257d OR, an welchem Tag das Mietverhältnis endigt, wenn der Vermieter am 8. Juli den Mieter schriftlich mahnt und im Übrigen alles unternimmt, um den Mieter so schnell wie möglich aus der Wohnung ausweisen zu können, und der Mieter in keiner Weise auf die Interventionen des Vermieters reagiert.

Datum: _____

b) Der Vermieter fordert neben dem Mietzins auch noch Verzugszins auf dem Juni-Mietzins.

b1) Entscheiden Sie mit Hilfe von Art. 102 Abs. 1+2 OR, ab welchem Zeitpunkt sich der Mieter mit der Zahlung des Mietzinses für den Monat Juni in Verzug befindet. Begründen Sie Ihre Antwort mit einem ganzen Satz.

b2) Wie hoch ist der Verzugszins, den der Vermieter fordern darf?
(Begründen Sie Ihre Antwort mit Angabe des massgeblichen Gesetzesartikels.)

_____ % Art. _____ Abs. _____ Gesetz _____

114

3. Aufgabe (12 Punkte)

Der selbstständige Unternehmer Karl Eisenring ist Zulieferer der Maschinenbau AG und beschäftigt zwei Personen. Seine Bilanz zeigt die folgenden internen Werte:

Bilanz vom 31.12.20_1 (Fr. in Tausend)

Aktiven		Passiven	
Umlaufvermögen	20	Kurzfristiges Fremdkapital	20
Anlagevermögen	100	Langfristiges Fremdkapital	50
		Eigenkapital	50
Total	120	Total	120

Die Eigenkapitalrendite liegt bei 18%. Der Umsatz ist im vergangenen Jahr um 12% gestiegen.

a) Berechnen Sie den Anlagedeckungsgrad 2 ([langfristiges FK + EK]*100/Anlagevermögen) aus der Sicht des Unternehmers Eisenring, und beurteilen Sie Ihr Ergebnis.

Eisenring entschliesst sich nach reiflicher Überlegung, von der Maschinenbau AG ein zu 4½% zu verzinsendes Darlehen von Fr. 25 000.– aufzunehmen. Dieses Darlehen ist in zwei Jahren zurückzuzahlen. Er kauft damit von der Maschinenbau AG Maschinen, welche seine Produktionskapazität um 50% erhöhen. Der Preis der Maschinen entspricht der Höhe des gewährten Darlehens.

b) Berechnen Sie nach diesem Vorgang den Anlagedeckungsgrad 2.

c) Ist durch diesen Entscheid die goldene Finanzierungsregel eingehalten worden oder nicht? Begründen Sie Ihre Antwort.

d) Beschreiben Sie einen Beweggrund der Maschinenbau AG, Eisenring dieses Darlehen zu gewähren.

4. Aufgabe (17 Punkte)

Im Jahr 1996 heirateten Carlo Bonetti und Erika Hofer.

Erika Hofer war in früherer Ehe mit Rolf Hug verheiratet. Aus dieser Ehe stammt die Tochter Katja.

Carlo Bonetti war Witwer. Aus seiner früheren Ehe stammt sein Sohn Gianluca.

1997 wurden die Zwillinge Antonio und Anna geboren. Heute zeigen die Familienverhältnisse der Familie Bonetti somit folgendes Bild:

```
Rolf Hug        Erika Bonetti-Hofer      Carlo Bonetti
   O------//------O----------------O-------//------Ø
           |                \   /                  |
           |                 \ /                   |
           O                  O   O                O
         Katja            Antonio  Anna         Gianluca
```

a) Nach der Scheidung der Ehe mit Rolf Hug wollte Erika wieder ihren Mädchennamen tragen.

   Entscheiden Sie mit Hilfe des Gesetzes, was sie tun musste, um die Namensänderung zu erreichen.

   Entscheid: _____

   _____

   _____

   Art. _____ Abs. _____ Gesetz _____

b) Entscheiden Sie mit Hilfe des Gesetzes, welchen Familiennamen Tochter Katja heute trägt. (Den zutreffenden Namen ankreuzen)

   ❏ Hug   ❏ Bonetti   ❏ Hofer

   Art. _____ Abs. _____ Gesetz _____

c) Heute überlegt sich Carlo Bonetti, wer im Falle seines Todes zu seinen gesetzlichen Erben gehört. Nennen Sie sämtliche gesetzlichen Erben und ihren gesetzlichen Erbanspruch in Bruchteilen vom Nachlass.

Namen der gesetzlichen Erben	Erbanspruch in Bruchteilen

d) Carlo Bonetti überlegt sich weiter, wie er vorgehen muss, um seiner Stieftochter Katja von seinem Nachlass so viel wie möglich zukommen zu lassen.

d1) Nennen Sie **zwei** mögliche Formen, wie Carlo Bonetti seine letztwillige Verfügung errichten kann.

1. _____
2. _____

d2) Welchen Bruchteil seines Nachlasses könnte Carlo Bonetti seiner Stieftochter Katja, die er nicht adoptiert hat, maximal zukommen lassen, wenn er alle gesetzlichen Möglichkeiten ausschöpfen würde? (Eine übersichtliche Darstellung wird verlangt.)

5. Aufgabe (11 Punkte)

Familie Tobler hat eine übliche Hausratversicherung abgeschlossen. Die Versicherungssumme beträgt Fr. 160 000.–.

Nach einem Schadenereignis schätzt der Versicherungsexperte den heutigen Wert (Zeitwert) des gesamten Hausrates auf Fr. 80 000.– und den Wiederbeschaffungswert (Neuwert) auf Fr. 200 000.–.

a) Nennen Sie zwei Gegenstände, die durch eine Hausratversicherung versichert sind.

1. _____ 2. _____

b) Nennen Sie drei Risiken, die durch eine Hausratversicherung abgedeckt werden.

1. _____
2. _____
3. _____

c) Wie gross ist die Entschädigung, wenn durch ein versichertes Ereignis ein Totalschaden entsteht?

Fr. _____

d) Wie gross ist die Entschädigung, wenn durch ein versichertes Ereignis ein Schaden von Fr. 60 000.– entsteht?

Fr. _____

6. Aufgabe (15 Punkte)

Heinz Berbig und Viktor Hasler sind Teilhaber der Kollektivgesellschaft Berbig und Hasler, Sanitäre Installationen, Basel. Gemäss Gesellschaftsvertrag hat Berbig Fr. 100 000.– und Hasler Fr. 20 000.– als Kapitaleinlage geleistet.

Der Gesellschaftsvertrag enthält keine Bestimmung, in welchem Verhältnis der Gewinn oder Verlust auf die Gesellschafter aufzuteilen ist.

Wegen der Rezession in der Baubranche ist die Kollektivgesellschaft in finanzielle Schwierigkeiten geraten. Heute zeigt die Bilanz der Kollektivgesellschaft folgendes Bild:

Bilanz per 31. Mai 20_1

Aktiven		Passiven	
Kasse und Post	5 000	Lieferantenschulden	60 000
Debitoren	12 000	Bankschulden	90 000
Mobiliar	3 000		
Verlustvortrag	250 000	Kapital Berbig	100 000
		Kapital Hasler	20 000
	270 000		270 000

Weitere Angaben: pfändbares Privatvermögen von Berbig Fr. 10 000.–
pfändbares Privatvermögen von Hasler Fr. 900 000.–

a) Wie gross ist die Überschuldung dieser Unternehmung in Franken?

Fr. _____

b) Welche Vermögensmasse steht unter dem Gesichtspunkt der primären Haftung welchen Forderungen gegenüber? (Zutreffende Zahlen ankreuzen bzw. einsetzen.)

Vermögensmasse	Forderungen
☐ Fr. 20 000.–	☐ Fr. 120 000.–
☐ Fr. 270 000.–	☐ Fr. 270 000.–
☐ Fr. 810 000.–	☐ Fr. 810 000.–
☐ Fr. 830 000.–	☐ Fr. 830 000.–
☐ andere Zahl, welche?	☐ andere Zahl, welche?
Fr. _____	Fr. _____

c) Die Bank, die der Kollektivgesellschaft den Kredit von Fr. 90 000.– gewährt hat, möchte auf das Privatvermögen von V. Hasler greifen, um einen finanziellen Verlust zu vermeiden.

c1) Entscheiden Sie mit Hilfe von Art. 568 OR, unter welchen Voraussetzungen die Bank berechtigt ist, Viktor Hasler persönlich zu belangen.

c2) Annahme: Die Voraussetzungen für die persönliche Haftung der Gesellschafter sind erfüllt.

V. Hasler weigert sich, der Bank die ganze Schuld von Fr. 90000.– zu bezahlen. Er ist nur bereit, Fr. 45000.– zu übernehmen. Er begründet seine Haltung damit, dass gemäss OR der Gewinn oder Verlust einer Kollektivgesellschaft von den Gesellschaftern zu gleichen Teilen zu tragen sei, wenn der Gesellschaftsvertrag keine andere Verteilung vorsehe. Ist Hasler im Recht?

☐ Ja ☐ Nein

Begründung:

d) Wie gross ist der gesamte Verlust, den Viktor Hasler durch seine Beteiligung an der Kollektivgesellschaft erleiden wird, wenn die Gesellschaftsgläubiger auf ihre Forderungen nicht verzichten wollen und auch H. Berbig privat belangt wird? (Eine übersichtliche Darstellung wird verlangt.)

7. Aufgabe (4 Punkte)

Rolf Sigrist unterhält bei der Zürcher Kantonalbank ein Privatkonto. Der Bruttozins 20_1 betrug Fr. 540.–. Nach Abzug von 35% Verrechnungssteuern schrieb ihm die Bank den Nettozins von Fr. 351.– auf dem Konto gut.

Nennen Sie, bezüglich der Verrechnungssteuer, wer/was in diesem Beispiel Steuersubjekt bzw. Steuerobjekt ist:

a) Steuersubjekt:

b) Steuerobjekt:

8. Aufgabe (6 Punkte)

Welche der folgenden Aussagen ist richtig?

a) ☐ Stabsstellen sind weisungsberechtigt.
☐ Die Bildung von Profit-Centers in einem Unternehmen bedarf der divisionalen Gliederung (Spartenorganisation).
☐ Ein Organigramm zeigt die Ablauforganisation.
☐ Kontrollspanne ist ein Begriff aus dem Marketing.
☐ Keine der vorgenannten Aussagen ist richtig.

b) ☐ Das Marktvolumen ist der Umsatz eines Unternehmens.
☐ Das Marktvolumen benötigt man zur Berechnung des Sättigungsgrads eines Markts.
☐ Marktsegmentierung ist die Zusammensetzung des Sortiments.
☐ Die Migros hat ein breites und sehr tiefes Sortiment.
☐ Keine der vorgenannten Aussagen ist richtig.

9. Aufgabe (5 Punkte)

Wie heisst der Fachausdruck für die folgenden Umschreibungen?

a) Einrichtung, wo Aktien und Obligationen von Publikumsgesellschaften gehandelt werden.

b) Im Normalfall angewandtes Betreibungsverfahren gegen eine im Handelsregister eingetragene Unternehmung.

c) Erbteil, welcher einem gesetzlichen Erben **nicht** entzogen werden darf.

d) Zuständigkeit oder Recht eines Angestellten, in einem bestimmten Aufgabenbereich selbstständig Entscheidungen zu treffen.

e) Schuldurkunde, welche eine Geldforderung zusammen mit einem Grundpfandrecht verkörpert und im Zusammenhang mit dem Bau bzw. Kauf eines Hauses vorkommt.

10. Aufgabe (12 Punkte)

Eine im Handelsregister eingetragene Weberei schliesst im Oktober mit einer Handelsunternehmung einen Kaufvertrag über die Lieferung von 50 000 Bodenlappen für eine Aktion «Frühjahrsputz» im Frühling des nächsten Jahres (März/April) ab. Als Liefertermin wird «spätestens 28. Februar, morgens» vereinbart.

a) Muss für diesen Vertrag eine Formvorschrift eingehalten werden?
Begründen Sie Ihre Antwort mit dem entsprechenden Gesetzesartikel.

Die Weberei gerät bei diesem Auftrag wegen Arbeitsüberlastung in Rückstand und kann die Bodenlappen auf den 28. Februar nicht liefern. Eine Lieferung ist erst auf Ende März möglich. Aufgrund von Art. 103 Abs. 1 OR wird die Weberei durch ihren Lieferungsverzug grundsätzlich schadenersatzpflichtig.

b) Unter welcher Voraussetzung wird die Weberei trotz Lieferungsverzug nicht schadenersatzpflichtig?

c) In welchem Gesetzesartikel sind die drei Möglichkeiten beschrieben, welche die Handelsunternehmung nach dem Lieferungsverzug der Weberei besitzt? Geben Sie den Artikel, den Absatz und das Gesetz an.

d) Muss die Handelsunternehmung der Weberei nach dem 28. Februar noch eine Frist zur nachträglichen Erfüllung setzen, damit sie zwischen den drei gesetzlich vorgesehenen Möglichkeiten wählen kann? Begründen Sie Ihre Antwort.

Der Geschäftsleiter der Handelsunternehmung diskutiert mit seinem Einkaufsleiter, ob der Schadenersatzanspruch gegenüber der Weberei rechtlich durchgesetzt werden soll. Der Einkaufsleiter bringt einige Bedenken vor.

e) Beschreiben Sie eine mögliche Überlegung, die den Einkaufsleiter – aus seiner Funktion in der Handelsunternehmung – von einer Schadenersatzklage gegen die Weberei abbringen könnte.

Prüfung 3

1. Aufgabe (7 Punkte)

Gehören die folgenden Gesetze bzw. Rechtsgebiete zum öffentlichen Recht oder zum Privatrecht? Das Nichtzutreffende ist durchzustreichen.

Gesellschaftsrecht	Öffentliches Recht	Privatrecht
Prozessrecht	Öffentliches Recht	Privatrecht
Sachenrecht	Öffentliches Recht	Privatrecht
Schuldbetreibungs- und Konkursrecht	Öffentliches Recht	Privatrecht
Steuerrecht	Öffentliches Recht	Privatrecht
Strafrecht	Öffentliches Recht	Privatrecht
Wertpapierrecht	Öffentliches Recht	Privatrecht

2. Aufgabe (3 Punkte)

Entscheiden Sie bei den nachfolgenden Beispielen, wo der Erfüllungsort ist. In keinem Beispiel ist eine Vereinbarung getroffen worden.

a) Die Contex AG, mit Geschäftssitz St. Gallen, zahlt an W. Werfeli, Schaffhausen, ein Darlehen von Fr. 20 000.– zurück.

   Erfüllungsort: _____

b) Die VILAX, mit Sitz in Busswil, liefert dem Velohändler R. Ruchti in Worb 100 Velos.

   Erfüllungsort: _____

c) Der Teppichhändler Schlau, Gockhausen, verkauft D. Dürr, Gossau, einen einmaligen Gobelin-Wandteppich aus dem 18. Jahrhundert, der in Morges ausgestellt ist. Der Kaufvertrag wurde während einer Geschäftsreise von Schlau im Bahnhofbuffet Genf abgeschlossen.

   Erfüllungsort: _____

3. Aufgabe (6 Punkte)

Welche der folgenden Aussagen sind **richtig**, und welche sind **falsch**?

Richtig	Falsch	
☐	☐	Die Dividende bei einer Publikums-Aktiengesellschaft wird durch Beschluss der Generalversammlung festgesetzt.
☐	☐	Kapazität ist die Lieferbereitschaft eines Unternehmens.
☐	☐	Falls eine Aktiengesellschaft ihre fälligen Steuerschulden nicht bezahlt, kann sie auf Konkurs betrieben werden.
☐	☐	Bei der direkten Steuer wird das Einkommen einer natürlichen Person auf Gemeinde-, Kantons- und Bundesebene besteuert.
☐	☐	Die gesetzlichen Bestimmungen über die Kollektivgesellschaft enthalten sehr viele dispositive Bestimmungen, weil die Gesellschafter mit dem Geschäfts- und dem Privatvermögen haften.
☐	☐	Gewinn erzielen bedeutet optimal wirtschaftlich arbeiten.

4. Aufgabe (12 Punkte)

Die Software-AG hat ihre Geschäftstätigkeit bisher auf die Schweiz beschränkt. Nun beabsichtigt die Geschäftsleitung, die Unternehmungstätigkeit auf das Ausland auszudehnen.

Zur Finanzierung der Auslandtätigkeit werden 100 Partizipationsscheine (PS) ausgegeben und den bisherigen Aktionären zur Zeichnung angeboten; gleichzeitig wird die Kreditlimite eines Lombardkredites um 20 heraufgesetzt und sofort voll ausgeschöpft. Das PS-Kapital wird bar einbezahlt, und die aus dem Lombardkredit zusätzlich zur Verfügung stehenden Mittel werden in Anlagevermögen investiert.

a) Spalte (a) zeigt die Zahlen am 31. März 20_1. Erstellen Sie aufgrund der erwähnten Angaben eine neue Bilanz (Kurzzahlen) in Spalte (b).

Bilanz

Aktiven	(a)	(b)	Passiven	(a)	(b)
Umlaufvermögen	250		Fremdkapital	280	
Anlagevermögen	510		Eigenkapital	480	
Total	760		Total	760	

b) Welchen Eigenfinanzierungsgrad (Eigenkapital in % des Gesamtkapitals) – auf eine Dezimale gerundet – weist die Software-AG nach Ausgabe der PS und Beanspruchung des zusätzlichen Bankkredites auf?

c) Beschreiben Sie einen Vorteil und einen Nachteil eines hohen Eigenfinanzierungsgrades.

Vorteil: _____

Nachteil: _____

d) Die Verwaltung der Software-AG bestand bisher aus fünf Mitgliedern. Nach Ausweitung der Geschäftstätigkeit ins Ausland soll bei der nächsten Generalversammlung beantragt werden, die Mitgliederzahl auf insgesamt neun zu erhöhen. Dabei ist vorgesehen, so viele im Ausland wohnhafte Personen in die Verwaltung der AG zu berufen wie möglich. Wie setzt sich die Verwaltung der AG zahlenmässig zusammen, wenn der Erhöhung der Mitgliederzahl zugestimmt wird? (Richtige Anzahl einsetzen!)

_____ in der Schweiz wohnhafte Schweizer und

_____ im Ausland wohnhafte Ausländer.

5. Aufgabe (10 Punkte)

Eine Treuhandunternehmung hat für die Zeit vom 15. Dezember 20_1 bis 15. Mai 20_2 einen Hilfsbuchhalter angestellt und diese Vertragsdauer schriftlich bestätigt. Am 16. Mai 20_2 erscheint der Buchhalter weiterhin zur Arbeit.

a) Kann das Geschäft ihm die Arbeit verweigern und ihn wegschicken? Begründen Sie die Antwort.

b) Nehmen Sie an, der Hilfsbuchhalter erscheine am 16. Mai 20_2 weiterhin zur Arbeit; weil noch sehr viele unerledigte Aufträge auszuführen sind, lässt man ihn weiter im Geschäft arbeiten. Am 20. Juni 20_2 will man den Angestellten endgültig entlassen. Auf welches Datum hin kann dies gemäss Gesetz frühestens geschehen? (genaues Datum mit Begründung verlangt)

c) Muss der Arbeitgeber dem Arbeitnehmer einen Grund angeben, wenn er ihm kündigt?

d) Der Hilfsbuchhalter verlangt vom Arbeitgeber bei Austritt aus dem Geschäft ein Arbeitszeugnis. Worüber hat dieses normalerweise Auskunft zu geben?

6. Aufgabe (4 Punkte)

Kreuzen Sie bei den folgenden Aussagen an, ob sie **richtig** oder **falsch** sind:

Richtig	Falsch	
☐	☐	Rechtsfähig ist nur, wer urteilsfähig und mündig ist.
☐	☐	Beim Abzahlungsgeschäft hat der Käufer das Recht, innerhalb eines Monats vom Vertrag zurückzutreten.
☐	☐	Zur Gründung einer Genossenschaft schreibt das OR kein Mindestkapital vor.
☐	☐	Die allgemeine Verjährungsfrist beträgt 10 Jahre, die Aufbewahrungspflicht für Buchungsbelege aber nur 5 Jahre.

7. Aufgabe (9 Punkte)

Der Landwirt Hans Zürcher hat eine neue Auszugsleiter gekauft. Bei der Kirschenernte bricht die Leiter wegen eines nachweisbaren Konstruktionsfehlers ein. Hans Zürcher muss mit der Ambulanz ins Spital eingeliefert werden.

a) Welche vertraglichen Ansprüche hat er gemäss Gesetz gegenüber dem Verkäufer der Leiter? (auch OR-Artikel angeben)

b) Trotz bester Behandlung stirbt Hans Zürcher. Er hinterlässt seine Frau und zwei Kinder. Nach Eingang aller Versicherungsleistungen sieht die Vermögenslage wie folgt aus:

Eigengut der Ehefrau	Fr. 200 000.–
Eigengut von Hans Zürcher	Fr. 300 000.–
Errungenschaft	Fr. 150 000.–
(Die Kinder haben kein Vermögen)	

Die Ehegatten haben keinen Ehevertrag abgeschlossen. Es besteht auch keine letztwillige Verfügung.

b1) Wie viele Franken beträgt das Vermögen der Ehefrau **nach** der güterrechtlichen Auseinandersetzung? (Ausrechnung übersichtlich darstellen)

b2) Wie viele Franken beträgt die Erbmasse? (Ausrechnung übersichtlich darstellen)

b3) Wie viele Franken erbt jedes der beiden Kinder? (Ausrechnung übersichtlich darstellen)

8. Aufgabe (9 Punkte)

G. Gernot hat im Lotto Fr. 500 000.– gewonnen. Er möchte dieses Geld anlegen.

a) Nennen Sie drei Bestimmungsgrössen (Grundsätze), die man bei einer Kapitalanlage berücksichtigen sollte.

_____

_____

b) Herr Gernot prüft folgende Anlagemöglichkeiten für die gewonnenen Fr. 500 000.–.

Sparkonto (bei einer Kantonalbank)
Anleihenobligationen (nicht kotiert)
Aktien (kotiert)

Tragen Sie die drei Bestimmungsgrössen gemäss Lösung a) in die nachstehende Darstellung ein. Bewerten Sie die Anlagemöglichkeiten, indem Sie die leeren Felder zum Beispiel mit den Ausdrücken «hoch, mittel oder tief» ausfüllen.

	Sparkonto	Anleihenobligationen	Aktien
Bestimmungsgrösse 1			
Bestimmungsgrösse 2			
Bestimmungsgrösse 3			

c) Begründen Sie Ihre Zuordnung beim Sparkonto.

_____

_____

_____

_____

9. Aufgabe (6 Punkte)

Ergänzen Sie die folgenden Aussagen mit den richtigen Begriffen:

a) Ein Warenhandelsbetrieb gehört zum _____ Wirtschaftssektor.

b)

Es handelt sich um ein Organigramm mit _____ gliederung.

Ein Vorteil dieser Organisation ist _____

Ein Nachteil dieser Gliederung ist _____

c)

Es handelt sich, verglichen mit b), um ein Organigramm mit _____ gliederung.

d) In den Organigrammen b) und c) fehlen Stellen, die nicht weisungsberechtigt sind. Solche Stellen bezeichnet man als _____ stellen.

10. Aufgabe (11 Punkte)

Der Testbericht einer Konsumentenorganisation ergibt, dass das Frühstücksgetränk EVERFIT unter acht getesteten Produkten aufgrund des Preis-Leistungs-Verhältnisses an 2. Stelle steht. Der Geschäftsleitung des Betriebes, welcher EVERFIT herstellt, ist weiter bekannt, dass für die Schweiz folgende Marktanteile bestehen.

| Produkt A: 25% | Produkt B: 19% | EVERFIT: 12% | Produkt C: 10% | Verschiedene: Rest |

Die Produktion von EVERFIT könnte ohne weitere Investitionen um 4% gesteigert werden, für eine weitergehende Produktionssteigerung müssten grössere Investitionen getätigt werden.

a) Beschreiben Sie zwei Vorgehensmöglichkeiten (Strategien) der Geschäftsleitung, um von diesem guten Abschneiden im Testbericht zu profitieren.

Strategie 1: _____

Strategie 2: _____

b) Nennen Sie drei Merkmale (Entscheidungsmerkmale), nach welchen die Strategien beurteilt werden können.

c) Entscheiden Sie sich für eine der Strategien unter a), und zeigen Sie zwei mögliche Auswirkungen auf das Unternehmen, falls diese ausgeführt wird (in vollständigen Sätzen oder mit einer Grafik).

Mein Entscheid: Strategie _____

Auswirkungen auf das Unternehmen:

11. Aufgabe (9 Punkte)

Aus welchen Gesetzesartikeln (immer Gesetz, Artikelnummer und eventuell Absatz angeben!) können Sie ableiten, dass

a) ein Konkurrenzverbot in einem Lehrvertrag mit einem 16-jährigen Lehrling ungültig ist?

b) ein 19-jähriger ein Testament abfassen darf?

c) das Risiko eines Diebstahls bei einem Originalgemälde mit dem Kaufabschluss auf den Käufer übergeht?

12. Aufgabe (14 Punkte)

Der kaufmännische Angestellte K. Suter (20 Jahre alt) hat den Führerausweis Kategorie B (Motorwagen bis 3,5 t Gesamtgewicht) erhalten. Der Autohändler A. Furgler bietet ihm einen Gebrauchtwagen zum Preis von Fr. 20000.– an.

a) Der Autohändler A. Furgler hat seine Fahrzeuge **sehr gut** versichert; er kann es sich deshalb erlauben, K. Suter das Auto zu einer selbstständigen Probefahrt zu überlassen. Beim Rückwärtsfahren rammt K. Suter eine Gartenmauer. An der Mauer entsteht kein Schaden, dagegen wird die Stossstange des Wagens arg verformt (Schaden etwa Fr. 1000.–). Wie heisst die Versicherung des Autohändlers, die für den Schaden aufkommen muss?

b) K. Suter entschliesst sich trotz seines Missgeschicks, den Wagen zu kaufen. Er hat nicht genügend Ersparnisse und kauft deshalb das Auto auf Abzahlung. Was bezweckt der Gesetzgeber mit den detaillierten Formvorschriften zum Abzahlungskauf?

c) K. Suter muss für sein Fahrzeug eine obligatorische Versicherung abschliessen und der zuständigen kantonalen Behörde einen entsprechenden Versicherungsnachweis einreichen.

c1) Wie heisst diese obligatorische Versicherung?

c2) Nennen Sie einen stichhaltigen Grund, weshalb gerade diese Versicherung vom Gesetzgeber als obligatorisch erklärt worden ist.

d) Der Versicherungsantrag von K. Suter ist von der ihm gewährten Versicherungsgesellschaft angenommen worden. Er erhält den Versicherungsnachweis (Police folgt später) und die Prämienrechnung. Auf der Rückseite der Prämienrechnung liest er unter anderem:

> Art. 20 des Bundesgesetzes über den Versicherungsvertrag (VVG) lautet:
>
> «Wird die Prämie zur Verfallzeit oder während der im Vertrag eingeräumten Nachfrist nicht entrichtet, so ist der Schuldner unter Androhung der Säumnisfolgen auf seine Kosten schriftlich aufzufordern, binnen 14 Tagen, von der Absendung der Mahnung an gerechnet, Zahlung zu leisten (...).
>
> Bleibt die Mahnung ohne Erfolg, so ruht die Leistungspflicht des Versicherers vom Ablauf der Mahnfrist an.»

Dieser Artikel gehört zum Privatrecht. Begründen Sie, warum.

e) OR Art. 103 ff. regeln allgemein die Auswirkungen des Schuldnerverzugs. Welche Wirkung (Rechtsfolge) tritt ein

e1) bei einer gewöhnlichen Geldschuld?

e2) bei einer Prämienschuld gemäss VVG Art. 20? (Siehe d)

Prüfung 4

1. Aufgabe (5 Punkte)

Unterstreichen Sie in folgenden Textstellen diejenigen Begriffe, die **richtig** sind:

a) Oberste richterliche Instanz bei Streitigkeiten um AHV-Leistungen ist das Bundesgericht in Lausanne / das Versicherungsgericht in Luzern.

b) Bei der Betreibung auf Pfändung hat die Sachpfändung / Lohnpfändung die grössere Bedeutung.

c) Die Allgemeinverbindlicherklärung von Gesamtarbeitsverträgen erfolgt durch die Gewerkschaften / die Regierung.

d) Das Schuldbetreibungs- und Konkursgesetz (SchKG) gehört zum öffentlichen / privaten Recht.

e) Bei der Schenkung handelt es sich um ein einseitiges / zweiseitiges Rechtsgeschäft.

2. Aufgabe (12 Punkte)

Kreuzen Sie die für die folgenden Personen zutreffenden Merkmale an!

	Einzelunternehmer	Kollektivgesellschafter	Geschäftsführer (Direktor) einer AG	Aktionär
a) Stellt von Gesetzes wegen privates Geld dem Unternehmen als Risikokapital zur Verfügung.				
b) Ist von Gesetzes wegen ermächtigt, das Unternehmen nach aussen zu vertreten.				
c) Juristische Person möglich.				
d) Von ihm wird erwartet, dass er im Geschäft mitarbeitet, weshalb er einen Lohn/ein Honorar zugute hat.				
e) Die Beziehungen zwischen ihm und dem Unternehmen sind im Gesellschaftsvertrag bzw. in den Statuten geregelt.				
f) Gilt steuerrechtlich als Selbstständigerwerbender				

3. Aufgabe (10 Punkte)

Das Ehepaar Huber-Schwander (beide Ehegatten sind erwerbstätig) erhält vom Steueramt seiner Wohngemeinde die Mitteilung, das steuerbare Einkommen betrage Fr. 100000.–, das steuerbare Vermögen Fr. 300000.–.

a) Wie heisst eine solche Mitteilung?

b) Herr Huber ist in seiner Steuererklärung nur auf ein steuerbares Einkommen von Fr. 90000.– gekommen. Er sucht deshalb den für ihn zuständigen Steuerbeamten auf. Es stellt sich heraus, dass das Steueramt einige Abzüge, die er in der Steuererklärung gemacht hat, nicht anerkennt.

Nennen Sie einen Abzug vom Roheinkommen (Bruttoeinkommen), bei dem es zu Meinungsverschiedenheiten zwischen Steueramt und Steuerpflichtigem kommen kann.

Herr Huber kann sich mit dem Steueramt nicht einigen und beschliesst deshalb, Rekurs einzureichen. Auf jedem Gerichts- oder Verwaltungsentscheid findet man einen Vermerk, wer Rekursinstanz ist und wie man bei einem Rekurs vorzugehen hat. Wie heisst eine solche Anmerkung?

c) Die Rekursinstanz gibt Herrn Huber recht. Begründen Sie, warum sich der zu bezahlende Steuerbetrag nicht um den gleichen Prozentsatz verändert wie das steuerbare Einkommen.

d) Der Kollege von Herrn Huber-Schwander wohnt in einer Nachbargemeinde. Er muss bei gleichem steuerbaren Einkommen und Vermögen Fr. 1000.– weniger Steuern bezahlen. Geben Sie einen möglichen Grund an, warum die Steuerbelastung von Gemeinde zu Gemeinde verschieden sein kann.

e) Das Ehepaar Huber-Schwander lebt unter dem ordentlichen Güterstand.

Wie heisst der ordentliche Güterstand?

Könnte das Ehepaar Huber-Schwander mit einer Gütertrennung Steuern einsparen? (mit Begründung)

Wenn ein anderer als der ordentliche Güterstand gewählt wird, ist bekanntlich ein Ehevertrag erforderlich. Welche Formvorschrift ist dabei zu beachten?

4. Aufgabe (13 Punkte)

4.1 Ordnen Sie folgenden Sachverhalten die richtige Verjährungsfrist zu:

a) Dividendenforderungen der Aktionäre

b) Forderungen aus einer Warenlieferung eines Grossisten an einen Wiederverkäufer

c) Die Forderung eines Handwerkers aus Handwerksarbeit

d) Grundpfandforderung gegen den Schuldner

e) Die Kapitalforderung gegen den Darlehensschuldner

4.2 Erklären Sie die Rechtswirkung der Verjährung.

5. Aufgabe (8 Punkte)

Ordnen Sie die folgenden Rechtsgebiete...

A = Staatsrecht
B = Privatrecht
C = Öffentliches Recht
D = Strafrecht
E = Verwaltungsrecht
F = SchKG
G = OR
H = ZGB

...den nachfolgenden Sachverhalten zu. Es sind für jeden Sachverhalt zwei Zuweisungen vorzunehmen. Die Aufgabe der entsprechenden Buchstaben genügt.

a) Eine Gruppe Jugendlicher will an einem Samstag auf einem öffentlichen Platz in einer Stadt einen Stand aufstellen, um gegen die Asylpolitik zu protestieren, was ihr von den Behörden verweigert wird.

b) Die Willensäusserung zum Abschluss eines Vertrages kann ausdrücklich oder stillschweigend erfolgen.

c) Urkundenfälschungen werden mit Gefängnis oder Busse bestraft.

d) Der Schuldner kann innert 10 Tagen Rechtsvorschlag erheben.

6. Aufgabe (6 Punkte)

a) Nehmen Sie zu folgender Aussage Stellung:

«In einem Fachgeschäft findet der Konsument ein schmales und flaches Sortiment.»

b) Ein bestimmter Warenhandelsbetrieb weist ein breites und besonders tiefes Sortiment auf. Die Lagermengen sind im Branchenvergleich überdurchschnittlich hoch.

Zeigen Sie zwei mögliche Auswirkungen dieses Sachverhalts auf den leistungswirtschaftlichen und/oder finanzwirtschaftlichen Bereich sowie auf den Unternehmungsgewinn (in vollständigen Sätzen oder mit einer Grafik).

7. Aufgabe (11 Punkte)

Michael W. ist seit 2½ Jahren bei der WEIBEL AG, einem grösseren Produktionsbetrieb, als Buchhalter angestellt. Heute kommt er mit folgendem Anliegen zum Personalchef:

> «Seit einiger Zeit spiele ich in unserem Dorfverein Fussball. Jetzt habe ich von einem Nationalliga-A-Verein ein Angebot erhalten, die jeweiligen Trainings der 1. Mannschaft zu besuchen. Dadurch wäre es unter Umständen möglich, in der 1. Mannschaft mitzuspielen. Für diese Trainings sowie die allfälligen Spiele (mit Reisen) sollte ich wöchentlich 2 bis 3 Halbtage frei bekommen.»

a) Was sollte der Personalverantwortliche abklären, bevor ein weiteres Gespräch mit Michael stattfindet? Nennen Sie 2 Punkte (spätere Entscheidungskriterien).

b) Nennen Sie je zwei Argumente, welche aus der Sicht des Betriebes für bzw. gegen das Vorhaben des Angestellten sprechen.

Dafür:

Dagegen:

c) Bei der gegenwärtigen Überarbeitung des Unternehmensleitbildes soll auch das Verhalten des Unternehmens gegenüber Freizeitanliegen der Mitarbeiter berücksichtigt werden.

Entwerfen Sie in vollständigen Sätzen eine mögliche Zielformulierung dafür.

8. Aufgabe (5 Punkte)

Art. 54 des Lebensmittelgesetzes lautet:

> «Der Bundesrat erlässt die nötigen Vorschriften zum Schutze der Gesundheit und zur Verhütung von Täuschung im Verkehr mit den Waren und Gegenständen, welche den Bestimmungen dieses Gesetzes unterliegen.»

Art. 13a der Lebensmittelverordnung lautet:

> «Auf den Packungen oder Etiketten der vorverpackten (...) Lebensmittel müssen die Zutaten und Zusatzstoffe mit ihrer Bezeichnung (...) angegeben werden.»

a) Umschreiben Sie einen Hauptunterschied zwischen Gesetz und Verordnung bei der Entstehung.

b) Welcher Unterschied besteht inhaltlich bei der erwähnten gesetzlichen Bestimmung und der Bestimmung der Verordnung?

9. Aufgabe (4 Punkte)

Josef Murer starb am 18. Januar 2001. Er war unverheiratet und hatte keine Geschwister. Sein Vater starb 1975, die Mutter 1983. Bei seinen Dokumenten fand man unter anderem eine letztwillige Verfügung, die wie folgt aussieht:

> **Eigenhändige letztwillige Verfügung**
>
> Der Unterzeichnende, Josef Murer, geb. 4. Mai 1920, von und in Schwyz, verfügt, dass von seinem Nachlass die Patenkinder Hans Noll und Klara Lander, geb. Ineichen, je Fr. 20000.– (zwanzigtausend) erhalten sollen, der Rest ist dem Krankenpflegeverein Schwyz zu überweisen.
>
> Das ist mein letzter Wille.
>
> Schwyz, den 8. Dezember 1997.   *Josef Murer*

Ist diese letztwillige Verfügung formell rechtsgültig? Begründen Sie Ihre Antwort mit Angabe von Gesetz, Artikel, Absatz.

10. Aufgabe (5 Punkte)

L. Huwyler bestellt am 20. März bei der Elektro AG schriftlich einen Kühlschrank, einen Geschirrspüler und einen Kochherd. In seiner Bestellung bezieht er sich auf eine ebenfalls schriftliche Offerte der Elektro AG vom 2. Februar, welche verbindlich und unbefristet abgefasst worden ist.

a) Ist die Elektro AG verpflichtet, zu den in der Offerte gemachten Bedingungen zu liefern?

☐ ja   ☐ nein

Begründung

b) Die Elektro AG stellt die bestellten Sachen zu. Wie bezeichnet man diese Art des Zustandekommens des Vertrages?

11. Aufgabe (14 Punkte)

Beantworten Sie anhand des OR folgende Fragen zu verschiedenen Unternehmungsformen.

a) Welche fünf Unternehmungsformen gehören zu den Handelsgesellschaften?

b) Kann die Finanz-AG Teilhaberin der Kollektivgesellschaft Bienz & Kummer werden?

Begründen Sie Ihre Antwort, und nennen Sie den betreffenden OR-Artikel.

c) Von einer Aktiengesellschaft sind folgende Bilanzzahlen bekannt: Vermögen 100, Schulden 80, Aktienkapital 50, Verlustvortrag?

Welche Pflicht hat der Verwaltungsrat gemäss OR-Art. 725?

d) Bei der Gründung einer Kollektivgesellschaft leisten Teilhaber Huber eine Kapitaleinlage von Fr. 100 000.– und Teilhaber Müller eine solche von Fr. 200 000.–.

d1) Wie viele Franken Jahreszins darf Teilhaber Müller gemäss der obligationenrechtlichen Regelung zur Kollektivgesellschaft beziehen, wenn der Gesellschaftsvertrag keine Bestimmung über den Zinsfuss enthält? Nennen Sie auch den zutreffenden OR-Artikel.

d2) Wie ist der erste Jahresgewinn von Fr. 30 000.– zu verteilen, wenn der Gesellschaftsvertrag keine Bestimmung über die Gewinnverteilung enthält?

Teilhaber Huber erhält Fr.

Teilhaber Müller erhält Fr.

12. Aufgabe (7 Punkte)

Vor einigen Jahren versicherte O. Amrein seinen Hausrat für Fr. 90 000.–. Als kürzlich ein Schaden von Fr. 20 000.– eintrat, vergütete ihm die Versicherungsgesellschaft nur Fr. 15 000.–.

a) Begründen Sie, weshalb die Versicherungsgesellschaft nicht den vollen Schaden übernommen hat.

b) **Bei welchem Versicherungswert** für den Hausrat hätte O. Amrein den **vollen** Schadenbetrag vergütet erhalten (Berechnung angeben)?

c) Bei einer **Haftpflichtversicherung** wird in der Police ein **Selbstbehalt** von Fr. 200.– erwähnt. Was bedeutet dies?

Prüfung 5

1. Aufgabe (10 Punkte)

a) Claudia Eugster entdeckte in der Schaufensterauslage eines Uhrenhändlers eine Swatch. Weil sie überzeugt war, ihr Freund David suche seit langem genau dieses Exemplar, betrat sie das Ladengeschäft und kaufte die Uhr. Ihre Enttäuschung war gross, als sie erfuhr, ihr Freund suche eine andere Swatch. Claudia will deshalb den Kaufvertrag wegen Irrtums anfechten und die Uhr zurückgeben. Kann sie das gegen den Willen des Uhrenhändlers?

Anfechtung möglich: ☐ Ja   ☐ Nein

Begründung:

_____

_____

b) Ein Teppichgeschäft unterbreitete Thomas Schär folgende Offerte zum Verlegen eines neuen Teppichs in dessen Wohnung:

100 m² zu Fr. 60.–	Fr. 6000.–
Arbeit: 8 h zu Fr. 70.–	Fr. 560.–
Total	Fr. 5560.–

Am nächsten Tag akzeptierte der Wohnungsinhaber schriftlich die Offerte.

Vier Tage später setzt sich der Inhaber des Teppichgeschäfts mit Schär in Verbindung und entschuldigt sich für das Versehen seiner Sekretärin, was jedoch nichts daran ändere, dass zwischen ihnen ein Vertrag über Fr. 6560.– entstanden sei. Schär ist anderer Meinung und beharrt auf dem vereinbarten Preis von Fr. 5560.–.

Wer ist im Recht?   ☐ Inhaber des Teppichgeschäfts   ☐ Schär

Zur Begründung genügt die Angabe des massgeblichen Gesetzesartikels:

Art._____ Abs._____ Gesetz _____

c) Dem 1. FC Seldwyla droht der Abstieg in die 4. Liga, wenn das nächste Meisterschaftsspiel gegen den FC Kicker verlorengeht. Der Präsident des 1. FC Seldwyla verspricht einem Verteidiger des FC Kicker Fr. 500.– für den Fall, dass er im eigenen Strafraum absichtlich ein Handspiel begeht, um einen Strafstoss zu provozieren. Der Verteidiger kassiert die Fr. 500.–, begeht aber kein absichtliches Handspiel. Der Präsident des 1. FC Seldwyla verlangt deshalb die Fr. 500.– wegen **ungerechtfertigter Bereicherung** zurück.

Wird die Klage des Präsidenten gegen den Fussballspieler erfolgreich sein?   ☐ Ja   ☐ Nein

Begründung:

_____

_____

Art._____ Gesetz _____

2. Aufgabe (9 Punkte)

Nachfolgend werden Aussagen zum Schuldbetreibungs- und Konkursrecht gemacht, wobei eine oder mehrere Aussagen richtig bzw. falsch sein können. Sie müssen diejenige Zahlenkombination ankreuzen, welche die Nummern **aller richtigen Aussagen** umfasst.

a) Aussagen zu den Betreibungsarten:

1. Die Konkursbetreibung wird als Gesamtvollstreckung bezeichnet.
2. Eine Aktiengesellschaft, die ihre Steuerschulden nicht bezahlt, wird auf Konkurs betrieben.
3. Die Betreibungen auf Pfändung und auf Pfandverwertung sind Einzelvollstreckungen.
4. Die Abgabe der Insolvenzerklärung einer natürlichen Person führt zum Konkursverfahren.

	1+2+3
	1+2+3+4
	1+3+4
	2+3+4

b) Aussagen zur Einleitung der Betreibung:

1. Im Prinzip gilt für sämtliche Betreibungsarten das gleiche Einleitungsverfahren.
2. Wenn eine Forderung verjährt ist, weist der Betreibungsbeamte das Betreibungsbegehren zurück.
3. Bei der Betreibung auf Pfändung muss der Schuldner den Rechtsvorschlag begründen.
4. Erreicht das Einkommen des Schuldners nicht das Existenzminimum, darf gegen ihn keine Betreibung eingeleitet werden.

	3+4
	1+2+4
	1
	1+4

c) Aussagen zur Betreibung auf Pfändung:

1. Der Pfändungsverlustschein berechtigt in einer späteren Betreibung zur definitiven Rechtsöffnung.
2. Die Verheimlichung pfändbaren Vermögens wird bestraft.
3. Ist kein pfändbares Vermögen vorhanden, so dient die leere Pfändungsurkunde (Pfändungsprotokoll) als Verlustschein.
4. Das Betreibungsamt kündigt dem Schuldner die Pfändung an.

	2+3+4
	1+2+3+4
	1+2+4
	1+3+4

3. Aufgabe (12 Punkte)

a) Während tagelanger Unwetter trat ein Dorfbach über die Ufer und verwüstete den Dorfkern mit Schlamm-, Geröll- und Geschiebeablagerungen. Durch welche Versicherungen sind die folgenden Schäden gedeckt?

(Auf der Leerzeile müssen Sie die **Versicherungsart** nennen.)

1. Die Ladeneinrichtung von Coiffeur Brigger wurde vollständig zerstört. _____

2. Das vor der Kirche parkierte Auto des Dorfpfarrers wurde durch Gesteinsbrocken vollständig zerstört. _____

3. Aus dem Tank der Baugenossenschaft «Heimat» ausgelaufenes Heizöl verunreinigte das Erdreich und den Dorfbach. _____

b) Kreuzen Sie bei den folgenden Aussagen an, ob sie **richtig** oder **falsch** sind, und **begründen** Sie Ihren Entscheid.

Richtig	Falsch	
☐	☐	Erklärt ein Arzt einem Patienten, der noch nicht gegen die finanziellen Folgen von Krankheiten versichert ist, er müsse sich dringend einer kostspieligen Operation unterziehen, so ist es für diesen Patienten höchste Zeit, eine Krankenversicherung abzuschliessen, wenn er die Operationskosten nicht selber tragen will.
☐	☐	Es gibt obligatorische Versicherungen, die bei privaten Versicherungsgesellschaften abgeschlossen werden können.

4. Aufgabe (27 Punkte)

(**Verfälschter**) Auszug aus dem «Schweizerischen Handelsamtsblatt» vom 27. April 20_1:

> **Techno Sound AG,** in Zürich, Bergstrasse 13, Aktiengesellschaft (Neueintragung). Statuten: 6. April 20_1. Zweck: Vermittlung und Organisation von Pop- und Konzertveranstaltungen aller Art, Vermittlung und Promotion von Musikern, Discjockeys und anderen Künstlern. Aktienkapital: Fr. 100 000.–, voll liberiert, 100 Inhaberaktien zu Fr. 1000.–. Vinkulierung gemäss Statuten. Publikationsorgan: SHAB. Eingetragene Personen: Jürg Müller von und in Zürich, Präsident des Verwaltungsrates, mit Einzelunterschrift, Franz Renggli von Eglisau in Zürich mit Einzelprokura. Aktionäre: Jürg Müller von und in Zürich, Stefan Eicher von Engstringen in Zürich, Monica Vogt von Baar in Zürich. Revisionsstelle: Buchhaltungs- und Revisions-AG in Zürich.

a) Entscheiden Sie mit Hilfe von Art. 950 OR, ob als Firma dieser Unternehmung bloss **Techno Sound** denkbar wäre oder ob der Zusatz «AG» hier zwingend vorgeschrieben ist.

Entscheid: _____

Begründung: _____

b) Was bedeutet die Aussage, das Aktienkapital sei voll liberiert?

_____

c) Die Abschrift stimmt mit der Originalpublikation nicht überein.

c1) Eine Angabe ist im obigen Ausschnitt enthalten, die im Original sicher fehlt. Welche?

_____

c2) Die Angabe, die Gesellschaft habe ihr Aktienkapital in Inhaberaktien eingeteilt, ist sicher falsch. Begründen Sie, warum.

_____

d) Nennen Sie *eine* öffentlichrechtliche und *zwei* privatrechtliche Wirkungen des Handelsregistereintrages für die Techno Sound AG.

öffentlichrechtliche Wirkung: _____

privatrechtliche Wirkungen: _____

e) Am 20. Mai 20_1 wird der Prokurist Franz Renggli fristlos entlassen, weil er Konzerteinnahmen auf sein privates Bankkonto überwiesen hat. Um seinem Arbeitgeber zu schaden, verpflichtete Renggli, bevor der Entzug der Prokura im SHAB publiziert werden konnte, die unpopuläre Rockgruppe «Totes Hemd». Er hofft, das Konzert dieser Gruppe werde ein finanzielles Debakel.

Der Verwaltungsrat Jürg Müller teilt dem Agenten der Rockgruppe mit, das Engagement der Gruppe sei aus zweierlei Gründen ungültig:

1. Selbst wenn Renggli noch nicht entlassen worden wäre, so sei er als Prokurist zum Abschluss eines solchen Vertrages gar nicht bevollmächtigt gewesen.

2. Mit der fristlosen Entlassung sei Renggli gleichzeitig die Prokura entzogen worden. Somit habe er gar nicht mehr im Namen der Techno Sound AG handeln können.

Beurteilen Sie die Aussage 1 mit Hilfe von Art. 459 OR:

___

Beurteilen Sie die Aussage 2 mit Hilfe von Art. 461 OR:

___

f) Weil sich die Parteien nicht einigen können, kommt es zum Prozess. Für den Ausgang des Prozesses ist die Frage entscheidend, ob der Agent im Zeitpunkt des Vertragsabschlusses gut- oder bösgläubig war, d.h. vom Prokuraentzug Kenntnis hatte oder nicht.

Der Agent behauptet, er habe vom Prokuraentzug nichts gewusst.

Muss er seine Gutgläubigkeit beweisen? ❏ Ja ❏ Nein

Als Begründung genügt die Angabe des massgeblichen Gesetzesartikels:

Art. _____ Gesetz _____

g) Die Techno Sound AG benötigt einen Bankkredit. Um den Kredit abzusichern, erklärt ihr Verwaltungsratspräsident, Jürg Müller, gegenüber der Zürcher Kantonalbank, er verbürge sich persönlich und solidarisch für die Rückzahlung des Darlehens von Fr. 90 000.–.

g1) Benötigt der verheiratete Müller für seine Bürgschaftserklärung die Zustimmung seiner Ehefrau?

Zustimmung notwendig ❏ Ja ❏ Nein

Gemäss Art. _____ Abs. _____ Gesetz _____

g2) Welche Formvorschrift ist bei dieser Bürgschaftserklärung zu beachten?

___

g3) Jürg Müller hat sich solidarisch verbürgt. Was bedeutet das?

___

5. Aufgabe (15 Punkte)

Die Firma Ponso AG stellt seit vielen Jahren Radsportbekleidung her (Hosen und Trikots). Seit einem halben Jahr beobachtet die Ponso AG mit zunehmender Sorge, dass sie Marktanteile verliert. An den Preisen und der Qualität der Produkte dürfte es nicht liegen. Die Preise sind marktkonform, und die Qualität ist seit Jahren unverändert.

Die Geschäftsleitung wendet sich an Sie und will von Ihnen wissen, was in dieser Lage zu tun sei.

a) Erklären Sie, was unter «Marktanteil» zu verstehen ist.

b) Nennen Sie **zwei** mögliche Gründe, die zum Verlust an Marktanteilen geführt haben können.

1.
2.

Die Ponso AG überlegt sich, ob sie nicht neben dem Absatz über den Fachhandel auch eigene Verkaufsläden mit erweitertem Sortiment eröffnen sollte.

c) Beschreiben Sie **zwei Vorteile,** die der Absatz über eigene Verkaufsläden im Vergleich zum Absatz über den Fachhandel bietet.

1.
2.

d) Nennen Sie **zwei** Entscheidungskriterien (Standortfaktoren) für die Auswahl geeigneter Standorte.

1.
2.

e) Die Ponso AG hat den Standort für ihr erstes Verkaufslokal in Bellinzona gefunden.

Im Zusammenhang mit der Festlegung des Absatzverfahrens macht sich die Ponso AG Überlegungen zur Absatzpolitik. Der Marketingleiter schlägt zwei Möglichkeiten vor, um das neue Geschäft bekannt zu machen:

1. Flugblattaktion an der Tessiner Radrundfahrt.
2. Inseratenkampagne in der Tessiner Presse.

Beschreiben Sie je einen Vor- und einen Nachteil der Flugblattaktion gegenüber der Inseratenkampagne.

Vorteil

Nachteil

6. Aufgabe (9 Punkte)

a) Kreuzen Sie an, ob die folgenden Aussagen richtig oder falsch sind.

Richtig	Falsch	
☐	☐	Zur Berechnung von Einkommens- bzw. Vermögenssteuern gelten für selbstständig Erwerbende andere Steuersätze als für unselbstständig Erwerbende.
☐	☐	Im Kanton Zug ist der Satz der direkten Bundessteuer für juristische Personen tiefer als im Kanton Jura.
☐	☐	Das Vermögen von natürlichen Personen wird auf Bundesebene nicht besteuert.
☐	☐	Bei den direkten Steuern wird der zu bezahlende Steuerbetrag grundsätzlich nach der wirtschaftlichen Leistungsfähigkeit des Steuersubjekts berechnet.
☐	☐	Alle Unternehmen sind selbstständige Steuersubjekte und zahlen eine Ertragssteuer (Reingewinnsteuer) sowie eine Kapitalsteuer auf dem Eigenkapital.

b) Womit versucht das Steuerrecht zu erreichen, dass die Steuerpflichtigen ihre Einkommens- und Vermögensverhältnisse **korrekt** angeben? Nennen Sie **zwei** Möglichkeiten.

7. Aufgabe (18 Punkte)

André Arnold ist Familienvater von zwei Kindern. Seine Frau Brigitte arbeitet während zwei Tagen pro Woche in einer kleinen Handelsfirma. Die Tochter Cornelia (17) absolviert eine kaufmännische Berufslehre. Der Sohn Daniel (15) will eine Lehre als Kaminfeger beginnen.

Die Tochter Cornelia (17) kauft sich aus ihrem Lehrlingslohn einen topmodernen CD-Player inklusive zwei Lautsprecherboxen (80 Watt) für Fr. 1200.–. Die Eltern sind mit diesem Kauf nicht einverstanden: Erstens sollte Cornelia etwas mehr sparen, und zweitens haben die Eltern mit der Lieblingsmusik ihrer Tochter (Heavymetal) schon immer etwas Mühe gehabt.

a) Können die Eltern den Kauf dieser Anlage rechtlich rückgängig machen? Begründen Sie Ihre Antwort mit dem entsprechenden Gesetzesartikel aus dem Familienrecht.

Für Daniel ist klar: Er will Kaminfeger werden. Zum einen, weil er gerne ein Handwerk erlernen will, aber auch, weil er mit der Person eines Kaminfegers ein Glückssymbol verbindet. Die Eltern sind mit dieser Berufswahl nicht einverstanden, weil sie infolge der technischen Entwicklung keine besonders rosige Zukunft dieses Berufsstandes erwarten.

b) Nennen Sie einen Gesetzesartikel aus dem Familienrecht, der für die rechtliche Beurteilung dieses Konfliktes berücksichtigt werden muss.

André und Brigitte überlegen sich die finanzielle Vorsorge ihrer Familie – insbesondere, was bei einem überraschenden Todesfall des Familienvaters (André Arnold) geschehen würde. André und Brigitte leben unter dem Güterstand der Errungenschaftsbeteiligung. Die güterrechtliche Aufteilung in einem Todesfall von André Arnold würde folgende Vermögensteile ergeben:

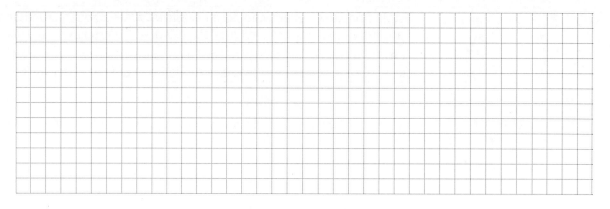

Eigengut André Arnold	Fr. 10 000.–
Eigengut Brigitte Arnold	Fr. 40 000.–
Gesamte Errungenschaft	Fr. 300 000.–

André und Brigitte Arnold haben weder güterrechtlich noch erbrechtlich etwas abgemacht. Neben den zwei Kindern Cornelia und Daniel leben noch André Arnolds Mutter Frieda sowie sein Bruder Ralph.

c) Stellen Sie zuerst die Familiensituation grafisch so dar, dass die Erbberechtigten erkennbar sind, und tragen Sie in dieser Darstellung die gesetzlich vorgesehenen Erbansprüche der Erbberechtigten ein.

d) Wie viel Franken würde die Ehefrau Brigitte aufgrund der erbrechtlichen Auseinandersetzung bei einem Todesfall ihres Ehemannes erhalten? Stellen Sie bei der Beantwortung dieser Aufgabe Ihren Lösungsweg dar.

e) Wie viel Franken würde die Ehefrau Brigitte aufgrund der erbrechtlichen Auseinandersetzung maximal erhalten, wenn André Arnold in einem Testament alle anderen Erbberechtigten auf den Pflichtteil setzen würde? Stellen Sie bei der Beantwortung dieser Aufgabe Ihren Lösungsweg dar.